FINANCIAL
MANAGEMENT AND
FINANCIAL INNOVATION

周玉琼
肖何
周明辉
著

财务管理与金融创新

中国财富出版社有限公司

图书在版编目（CIP）数据

财务管理与金融创新／周玉琼，肖何，周明辉著.—北京：中国财富出版社有限公司，2020.12

ISBN 978-7-5047-7142-1

Ⅰ.①财…　Ⅱ.①周…②肖…③周…　Ⅲ.①财务管理②金融改革
Ⅳ.①F275②F832.1

中国版本图书馆CIP数据核字（2020）第264295号

策划编辑　郑晓雯	**责任编辑**　张红燕　郑晓雯		
责任印制　尚立业	**责任校对**　卓闪闪	**责任发行**　董　倩	

出版发行　中国财富出版社有限公司	
社　　址　北京市丰台区南四环西路188号5区20楼　**邮政编码**　100070	
电　　话　010-52227588转2098（发行部）　　　010-52227588转321（总编室）	
010-52227566（24小时读者服务）　　　010-52227588转305（质检部）	
网　　址　http://www.cfpress.com.cn　**排　　版**　宝蕾元	
经　　销　新华书店　**印　　刷**　宝蕾元仁浩（天津）印刷有限公司	
书　　号　ISBN 978-7-5047-7142-1/F·3187	
开　　本　710mm×1000mm　1/16	**版　　次**　2021年12月第1版
印　　张　12.75	**印　　次**　2021年12月第1次印刷
字　　数　222千字	**定　　价**　52.00元

前　言

随着金融的创新，企业财务管理水平不断提升，同时企业财务管理的发展推进了金融产品的创新，财务管理与金融创新相互促进。从我国现阶段的市场经济发展状况来看，企业借助金融工具进行创新已经成为提升企业销售水平和经营水平的重要手段。而在金融工具的参与之下，企业的财务管理工作和会计核算工作均会受到一定影响。金融工具的创新推动了资金市场的建立，加快了社会经济的发展。金融创新在企业财务管理领域中具有广泛和重要的应用价值，在投资与筹资决策、风险与收益管理、营运资金管理等方面为企业提供了全新的思路和方法。

鉴于此，笔者撰写了《财务管理与金融创新》一书。全书共设十三章，分别为财务管理相关概述，财务管理的价值基础，企业筹资管理，企业营运资本管理，企业财务分析，财务管理系统，金融创新及其影响分析，货币与货币制度，信用、利息与利率，金融机构体系研究，金融市场体系研究，金融监管体系研究，互联网金融及其发展。

本书通过全面解读财务管理与金融创新的相关理论，对财务管理与金融创新的理论发展进行了探索。

笔者在撰写本书的过程中，得到了许多专家学者的帮助和指导，在此向他们表达诚挚的感谢。由于笔者水平有限，加之时间仓促，书中的内容难免有疏漏之处，希望各位读者多提宝贵意见，以便笔者进一步修改，使之更加完善。

周玉琼　肖　何　周明辉

2020 年 10 月

目 录

第一章　财务管理相关概述

第一节　企业财务管理的基本内容

一、财务管理

财务管理在企业的运行过程中扮演着十分重要的角色。资金活动虽然不是财务管理的核心管理对象，但也会对财务管理产生重要影响。

（一）利润分配管理

企业在赚取收入之后，将其中一部分用于对各种成本费用的支付以及对各种税金的扣除，剩下的部分就是企业的利润，这部分利润是企业进行分配的基本来源。资金通过利润分配的方式，留存在企业内部或退出企业。资金的流动和分配结果会对企业的资金活动产生影响，这种影响不仅体现在资金运动的规模上，也表现在资金运动的结构上。所以，企业的长期发展战略深受企业资金分配规模和分配方式的影响。

利润分配管理是指企业在获得利润之后，需要将一部分发给股东，还要将一部分留给企业作为投资的资金，分配给股东与企业的数量和比例就是对利润的分配管理。股东对近期利益的要求以及企业的长远发展都是企业在进行利润分配时需要全面考虑的内容，也就是既要将一定比例的股利定期进行发放，又要留下一定的利润备用。内部融资管理是利润分配管理的实质，利润分配管理作为筹资管理的重要组成部分，往往被单独管理。

（二）筹资管理

企业日常运行需要资金的筹集，企业发展的每一个阶段都离不开对筹资的管理。企业通过向投资者获取权益资金和向银行借贷取得债务资金是企业的两个重要的筹资途径。

（三）营运资金管理

企业日常经营活动所需的资金被称为营运资金，它由流动资产和流动负债构成。营运资金管理的主要内容如下。

（1）对流动资产与流动负债的比例进行合理的安排，为企业的短期偿债能力提供充分的保障。

（2）加强对流动资产的管理，提升流动资产的周转效率，改善企业的财务状况。

（3）优化流动资产、流动负债的内部结构。

（四）投资管理

所谓的投资，实质上就是将现有资金投入某种营利性组织，并从中获取相应利润的行为。企业的经营状况与投资决策息息相关，因此投资管理在企业运营过程中尤为重要。

企业只有将资金真正投入投资主体中，才能够从中获利。投资的过程实质上就是以资金增长为目的且具有一定风险的行为。我们大致可以将投资行为分为独立性投资及相关性投资两大类：独立性投资是指各投资项目现金流量互不相关、互不影响的投资；相关性投资是指各投资项目现金流量具有相关性，即会受到其他投资影响的投资。相关性投资又可以分为相容性投资和不相容性投资两类：相容性投资是互补性投资；不相容性投资是互斥性投资。投资决策分析是投资管理的基本内容。投资者在初始投资、追加投资和转让投资时，需要分析企业当前的资本结构、获利能力和未来发展能力，通过分析销售利润率、总资产周转率、净资产收益率、资本保值增值率等，对企业的安全性和未来盈利能力进行评价。如果投资上市公司，还要对上市公司未来的股利分配情况及股价变化进行分析。

选择好投资的方向是投资管理的首要任务。选择不同的投资方向，会给企业带来不同的发展方向和发展途径。因此，投资方向的选择非常关键，具有战略意义。在确定了投资方向之后，还要对所投资的项目以及资金额度进行全面的分析，只有在分析后才能够做出相应的决策。通常情况下，投资者主要从以下两个方面进行考虑：其一为现金流量；其二为风险系数。这两方面的内容对于投资者进行投资而言具有重要意义，投资者只有在明确投资风险的前提下，合理进行资金投入，才能够获得最大收益。为了使投资项目实现预期效果，还要注意加强投资项目的跟踪管理。

二、财务的经济关系

企业的财务关系是指企业在组织财务活动的过程中与有关方面形成的经济关系，主要有以下五个方面。

（1）企业与企业所有者之间的财务关系。企业所有者按照出资比例、章程或合同规定履行出资义务，向企业投入资金，形成企业的所有者权益。企业在获得利润后，应向企业所有者分配利润。

（2）企业与债权人、债务人之间的财务关系。企业与债权人、债务人之间的财务关系（债权、债务关系）主要包括企业与其他单位之间由于购销商品、提供劳务等形成的资金结算关系，以及与债权人或债务人之间的借款、付息还款等资金借贷关系。

（3）企业和被投资单位之间的财务关系。企业和被投资单位之间的财务关系主要是指企业将闲置资金投放于其他企业股票、固定资产或无形资产所形成的经济关系。企业按出资比例或合同章程的规定，参与被投资单位的利润分配和经营管理。

（4）企业与员工之间的财务关系。企业与员工之间的财务关系主要是指企业根据员工的劳动数量、质量和业绩，向员工支付工资、津贴、奖金等发生的资金结算关系，以及企业根据国家有关政策的规定为员工缴纳养老保险、医疗保险和住房公积金等。

（5）企业与税务机关、行政管理部门之间的财务关系。企业与税务机关、行政管理部门之间的财务关系主要是指企业按照《中华人民共和国税法》（以下简称《税法》）及有关行政管理规定向税务部门、管理部门缴纳有关税费的义务。

三、财务管理的特征

（一）企业外部环境

企业外部环境与整合企业的财务管理密切相关，二者相互影响、相辅相成。国家的财务管理会对企业的外部环境产生巨大的影响。这就需要企业管理者在企业的需求与收益、成本与风险之间做出衡量。

（二）企业资产

资金或资产对企业能够正常运行起着重要的支撑作用。任何企业的运行都离不开企业资金，这是企业运行的核心与基础。资产根据其流动性分为流动资产及非流动资产两大类。财务管理人员最主要的工作就是研究关于资金的一系列问题，如筹资、资金运转、撤资等，最终使得所筹集资本效益最大化，从而使企业价值最大化。

（三）企业资本

资本与资产有着本质上的区别，企业资本主要包括技术、资源等众多要素，企业资本的管理主要体现在资金运行的管理、投资风险的评估等众多方面。财务管理不仅要筹措资金，更要在法律允许的范围内对资金更好地运用。为了更好地运用资本、对资本加以控制，必须优化调整企业的供、产、销等活动，并且要借助一些数量模型来进行各种定量分析，故投资决策也是财务管理中的重要问题。

四、财务管理的原则

在市场经济日益发达的环境下，企业面临着广泛的资金运动和复杂的财务关系，需要正确组织和处理。财务管理的原则是企业组织财务活动、处理财务关系的准则。

（一）成本效益原则

以经济效益最大化作为理财目标，这是我国经济建设方针所决定的。企业经济效益主要通过财务指标，如资金、成本、收入等表现出来。成本效益原则作为企业管理需要秉持的一大重要原则，要求管理者对企业的一系列经济活动从收入、成本等众多方面进行系统分析，选择在保证收益最大化的前提下所耗费的成本最少的方案，这实质上是提高了企业的总收益。

（二）收支平衡原则

保持资金的协调平衡是企业财务管理工作的一个基本环节。企业获得利润的同时，也标志着企业又完成了一个项目，换言之，企业又经历了一个周期的资金循环，这也就意味着新一轮的资金循环即将开始。可见资金的运转在企业运营过程中发挥着至关重要的作用。为了进一步保证资金的良好运转，管理者就需要遵循收支平衡的原则，来确保企业的稳定发展。企业供、产、销活动的平衡是资金收支平衡的决定性因素，企业必须采取一定的措施来维持企业的收支平衡——先实现生产线的高度统一。在企业的生产线上，采购原材料、加工生产、销售作为生产的三个核心环节是相辅相成的，必须保持一个相对稳定的状态。

（三）资金结构优化原则

资金合理配置是指通过资金活动的组织调节来保证各项资源具有最优的结构和比例关系。合理的资金配置是企业持续高效经营必不可少的条件。企业物质资源的配置情况是资金运用的结果，同时又通过资金结构表现出来。

合理的资金结构能保证企业生产经营活动顺利进行，从而使企业实现最佳的经济效益。若企业不优先保证内部业务的资金需求，而把大量资金用于对外长期投资上，则企业主营业务的开展必然受到影响。如果企业长期资金和短期资金的比例失调，将造成设备闲置、生产能力剩余或资金周转不畅、短期支付能力减弱的不良后果。因此，企业在筹集资金时，应适当安排自有资金的比例，正确进行负债经营，既要发挥负债经营的积极作用，又要避免可能产生的债务风险。在运用资金时，必须根据生产经营需要来合理配置长期资金和短期资金。从上述情况可知，优化资金结构是企业财务管理中的一项基本要求。

（四）预见性原则

预见性原则是指企业在调查研究的基础上，根据已掌握的资料，运用科学的方法对未来的财务活动发展趋势和财务成果进行分析和预决算的原则。遵循预见性原则，可以为企业生产经营决策和其他财务决策提供依据。企业在进行市场调查、市场预测的基础上，根据国家的有关方针政策及理财环境状况，对产品产量进行预测后，做好资金、成本利润、现金流量、投资回收期等方面的财务预测，从而在价值方面确定生产经营活动的最佳经济效益，为选择投资效果最好的项目提供依据。加强企业财务的预见性是编制企业财务预算的重要依据。

企业要编制出符合实际、切实可行的财务预算，就必须对影响财务预算的各种因素进行分析和判断，拟定预算期内的各种增产节约措施，并进行论证和评价。加强企业财务的预见性是财务管理所必需的基础工作。通过预测，企业能正确安排筹资的数量和时间，寻找合适的资金来源，保证企业生产经营正常进行。

（五）利益关系协调原则

利益关系协调原则是指企业财务在组织实施管理中，应兼顾和协调好国家、投资者、债权人、经营者及劳动者的经济利益和合法权益，处理好企业各部门之间的经济利益关系。企业在组织财务活动中，要从国家大局出发，贯彻执行企业财务制度和国家有关法律法规。

对投资者要做到资本保全，并合理安排分配红利与提取盈余公积金的关系；对债权人要按期还本付息；各企业之间要实行等价交换原则，促使各方认真履行经济合同，维护各方物质利益；对企业各部门要运用各种结算手段划清经济责任和经济利益；企业和职工之间，要实行按劳分配原则，把职工的收入和劳动成果联系起来。要处理好各种经济利益关系，遵守国家法律法规，认真执行国家政策，保障有关各方应得的利益；要处理好个人利益和集体利益、局部利益和全局利益、眼前利益和长远利益之间的关系。处理物质利益关系时，要加强思想政治工作，顾全大局，防止本位主义、极端个人主义。

（六）收益风险均衡原则

企业财务管理工作几乎都是在风险不确定的情况下进行的，特别是在激烈的企业竞争之中，投资行为必然需要承担相应的风险，因此对于企业而言，风险评估显得尤为重要。财务的一切活动都会面临一定的风险，而这也是企业追求盈利过程中不可避免的一大重要问题。收益风险均衡原则对风险以及收益进行了完美诠释，企业需要对所涉及的所有风险进行评估后再进行适当的投资，从而获得最多的利润。

风险意味着可能出现与人们取得收益的愿望相背离的结果。在财务活动中，低风险可能获得低收益，高风险则可能得到高收益。企业要按期还本付息，需承担较大风险。而发行股票因股东要依法承担所购股额为限的企业经营亏损责任，相对来说，企业承担的风险小。因此，无论投资者还是受资者，都要求收益与风险相适应，风险越大，则要求的收益也就越高。无论市场状况如何，企业都应当对决策项目的风险和收益做出全面的分析，还要尽可能回避风险，化风险为机遇。

第二节　财务管理的组织与方法

一、财务管理的组织

对于任何企业而言，财务管理都需要相应的组织，这种组织涉及的内容众多，如组织形式、方法体系和组织原则。企业的财务活动是在国家宏观指导下进行的，需要国家进行统一规范。企业财务管理制度是根据国家有关方针政策，为适应企业财务活动的实际需要而制定的。这些制度对企业同各方的财务关系和各有关部门财务管理的职责权限做出了规范。

（一）企业财务管理体制

要做好财务管理工作，必须建立和完善企业财务管理体制，使企业适应市场要求，成为独立享有民事权利和承担民事义务的企业法人。

1. 企业的财务管理体制建立原则

（1）统一的政策法规、制度与分级管理。按照现代企业管理体制的框架，在财务管理上，企业既能公平竞争，充满活力，正常发展，又能活而不乱，不偏离国家的政策导向。国家对以国有经济为主体的所有制企业的财务活动，制定统一的政策、法规和制度，包括财政税收、国有资产管理的法律、法规和《企业财务通则》《企业会计准则》等各种财务、会计制度。对于国家统一制定的政策、法规和制度，企业财务人员必须严格遵守和执行，如有违反，将承担经济和法律责任。

（2）财务自主权同财务责任、经济利益相联系。企业的财务自主权是企业财务管理体制的核心。国家在赋予企业财务权利的同时，也规定了相应的财务责任，企业财务管理人员都必须全面履行。企业在拥有权利、承担责任的同时，也享有相应的经济利益。国家对给予企业的各项自主权都规定了相应的经济利益。这样，既重视企业的财务自主权，又将财务责任和经济利益密切联系，把权、责、利三者结合起来，使财务管理体制适应企业生产发展的需要，充分发挥财务管理的作用，使国家、企业、职工的利益得以兼顾。

（3）企业财务管理体制必须与财政、税收和信贷等管理体制相适应。企业财务管理体制并非独立存在，它同政府管理部门、各系统有紧密联系。这些部门有财政、税收、信贷、价格、劳动、计划等部门，其中财政、税收部门较为重要。企业财务管理体制必须同政府各部门的管理体制相适应，这样可以使企业财务更好地同政府各部门建立新型的财务关系，使企业财务更好地发挥作用。

2. 企业内部的财务管理体制建立原则

（1）与国家对企业的财务管理体制相适应。国家对企业的财务管理体制是对企业总体权限和责任、利益的划分，统辖和制约着企业内部的财务管理体制。企业应根据国家对企业的财务管理体制，结合自身的规模，根据财务管理基础的具体情况，制定内部财务管理体制。

（2）统一领导和分级管理。企业内部的财务政策、对外经济往来、经济指标的划分、对上承担的义务等应由企业统一领导。统一领导的目的是使企业管理体系中的企业政策和命令易于协调、统一贯彻。

（3）分清责任，提高效益。制定企业内部的财务管理体制，应本着分清经济责任的原则来设计。在分清责任的基础上，才能确定各自的经济权利和经济利益。在制定企业内部管理体制时，对管理人员、管理目标、管理形式和管理程序的确定，应本着精简、高效的原则，抓住主要矛盾，使财务管理工作切实可行，使管理者和职工、群众易于接受。在实行企业内部经济核算制和经营责任制的条件下，要建立和完善以下制度：资金控制制度、收支管理制度、内部结算制度、物质奖励制度。

（二）企业财务管理机构

企业财务管理机构是企业组织财务活动的主要条件，企业财务管理机构的设置与企业规模大小、社会经济发展水平、经济管理体制有密切的联系。目前，我国企业财务管理机构的一般形式主要有以下两种。

（1）传统的财务管理体制。这种管理形式是将财务和会计管理两个机构合并。企业一般设一个财会科室，由总会计师或主管经济的副厂长来领导财务和会计两方面的管理工作。财务与会计机构合并设置的模式是同传统的管理体制相适应的。在高度集中的计划经济体制下，企业的财务管理主要从属于国家财政。企业财务管理的主要职能都由国家财政部门和企业主管部门包揽，企业没有财务管理的决策权，因此，财务管理机构不必独立设置。

（2）财务和会计分别设置管理机构。企业财务部门担负着筹集资金、运用资金、分配盈利、对外投资，以及预测、决策、计划、控制、分析的主要任务。在市场经济条件下，需要把财务机构同会计机构分开设置。

财务与会计分别设置管理机构，有利于分清财务、会计各自的责任，各自发挥作用，保证财务工作和会计工作适应市场经济的需要。一些小型企业仍可以采取财务与会计机构合并设置的传统方法，但财务人员应明确分工、各司其职，充分发挥两者各自的作用。

二、财务管理的方法

为了更好地解决财务方面所遇到的一系列问题，财务管理人员必须采取有针对性的管理办法。主要包括财务的预测与决策、财务分配等一系列方法。这些方法相互联系、互相配合，构成了完整的财务管理方法体系。

（一）财务的预测与决策

财务预测是基于财务历史数据和财务活动的实际情况，对企业未来的财务活动和财务结果进行科学的预测和最终决算。为了把握未来、明确方向，现代企业管理必须具备长远的眼光，对未来走向进行预测和掌握。

财务预测通过调查研究所掌握的资料，对今后可能涉及的财务信息进行系统的分析，预测也需要运用一定的方法，并结合企业的实际情况，对企业可能面临的财务问题进行大胆的预测与风险系数的评估。这种预测有助于财政部门更为高效地进行管理，也能够避免亏损。

在实际生活中，财务决策是管理的核心与基础，财务部门所做出的一系列决策会直接影响企业的运行，因此在进行财务决策时，一定要小心谨慎。财务决策能够实现的程度高低，关系到企业的兴衰成败，必须认真对待。

（二）财务计划

财务的预测与决策对于企业当下的发展起着决定性作用，而对于企业的长远发展，财务计划也必不可少。所谓的财务计划实际上是指企业基于众多数据分析而对未来财务的一种推断或是判断。从客观的角度来看，财务计划也是一种依赖于先进技术手段确定的各项财务指标的奋斗目标。财务活动实行计划管理必须是全过程的，它包括各项资金的收入和使用，财务物资的增减变化，各项费用的开支和补偿，以及营业收入与企业盈利的形式和分析。

（三）财务控制

财务控制的方法是多种多样的，其中按控制标准可分为如下几种。

（1）制度法。即根据国家的政策、法令及规章制度，控制企业的生产经营活动。如按国家的法规合理筹措资金，按照国家规定的成本开支范围计算成本。

（2）计划法。即按照计划从事企业的生产经营活动，使企业的资金收支符合计划的要求。

（3）定额法。即以定额为依据，测量实际与目标之间的差异，分析造成差异的原因，并加以纠正。

（4）目标法。即以目标为依据，确定实际与目标之间的差异，分析产生差异的原因，并及时校正。

第三节　财务管理的环境

财务管理环境是指对企业财务活动产生影响的各种条件。企业财务活动的变化与理财环境的变化有着紧密的联系。因此，进行财务管理必须以理财环境为依据，正确制定理财策略。

在高度集中的计划经济体制下，企业的理财环境是封闭的、稳定的；资金来源渠道单一，国有资金被无偿占用，银行利率很少变化，购销关系比较固定，价格稳定，税种单一，企业基本没有留存收益等。因此，企业财务管理在稳定不变的条件下按统一安排的计划来进行，很少研究理财环境。在社会主义市场经济体制下，企业的理财环境开放、活跃，错综复杂，变化迅速。

一、财务管理的宏观环境

财务管理的宏观环境，是指宏观范围内普遍作用于各个部门、各地区、各类企业财务管理活动的条件。财务管理的宏观环境包括经济、政治、社会、自然条件等因素。从经济角度看，主要有以下两个方面。

一是金融政策和金融市场。商业银行和各种非银行金融机构是企业筹集资金、融通资金的主要来源。金融环境对企业财务活动影响很大。银行各种贷款项目的设置、利率的高低、浮动利率的实行等，直接影响企业的筹资数额及资金成本。企业向社会筹集资金，往往要通过银行来进行，并接受银行的监控。

二是财政税收政策和制度。企业的纯收入大部分以税金方式缴纳给国家。当国家开发项目增多、财政紧张、需要调整拨款、扩大税源时，企业就应对自我进行约束，对投资规模进行控制，努力增加收入、节约开支。国家各种税收的设置、税率的调整，具有调节生产经营的作用。企业财务人员应当熟悉国家税收法律、法规，不但要懂得各种税种的计征范围、计征依据，而且要了解税率的制定、减免税的规定，自觉地按照税法的导向进行经营活动和财务活动。

二、财务管理的微观环境

企业财务管理的微观环境主要有以下四个方面。

（一）生产环境

生产环境是指由人力资源、物质资源、技术资源构成的生产条件和企业产品的寿命周期。生产环境包括资源密集型等按生产条件划分的分类。资源密集型企业需要投入大量的资金用于勘探、开发，资金回收期长。产品寿命周期通常分为四个阶段。当企业处于不同寿命的周期时，收入多少、成本高低、收益大小、资金周转快慢，都有较大差别。企业进行财务决策，要瞻前顾后，要预见性地进行投资，使企业的产品生产经营不断更新换代，持续保持旺盛的生命力。

（二）采购环境

采购环境是指企业采购物资时与采购数量和采购价格有关的条件。企业采购物资面临的环境可分为稳定的采购环境和波动的采购环境。前者材料资源相对比较充足，运输条件比较正常，能保证生产经营需要。企业可以少储备，勤采购，不过多占用资金。后者物资相对比较紧缺，运输不是很正常，有时不能如期供货。因此，企业要设置物资保险储备，这样就需要占用较多的资金。

对价格看涨的物资，企业通常要提前进货，投放较多资金；面对价格稳定的物资，企业可根据消耗量和仓储能力，做到有计划采购，尽量节约资金；面对价格看落的物资，可在保证生产需要的情况下推迟采购，节约资金。

（三）销售环境

销售环境影响企业商品在市场上的竞争程度，分为参加交易的生产者及消费者的数量和参加交易的商品差异程度两个因素。企业所处的销售环境按竞争程度可分为以下四种。

（1）完全竞争市场。这种市场生产者消费者都非常多，但无论是市场生产者还是消费者都不具备对市场价格进行控制的能力，商品之间的差异不会很大。

（2）不完全竞争市场。在这种市场中，很多厂家会生产同一种商品，但型号、规格、质量、档次有较大差异，名牌厂家可在一定程度上影响销售市场。

（3）寡头垄断市场。这是由少数厂家控制的市场。这些厂家对供应数量、销售价格起着举足轻重的作用。

（4）完全垄断市场。某些关系到国计民生或具有战略意义的行业，由政府组成企业或实行专卖。这种独家经营的企业，可在国家宏观指导下决定商品的数量和价格。

（四）企业的组织形式

按组织形式，工业企业分为单厂型企业和多厂型企业。单厂型企业是指一个工厂就是一个企业、一个法人单位；多厂型企业指按专业化协作，遵循合理的原则，把许多在生产技术和经营业务上有密切联系的工厂组织在一起的企业性公司和企业集团，是一个法人单位。企业的组织形式在不同程度上影响着企业内部的财务管理体制。

第二章 财务管理的价值基础

第一节 资金的时间价值

在进行生产经营的过程中，企业会投入一定的资金，随着生产的深入和不断推进，资金会在整个过程中不断流转，经过一定的时间后，就能够产生和过去不同的新的价值，使资金得以增值。因此，将一定量的资金投入生产流通环节，会取得一定的利润和利息，从而产生资金的时间价值。资金的时间价值主要是指在不同的时间节点上，同样一部分数额的资金所产生的价值之间具有差额，换句话说，就是指在流通的过程中，随着时间的不断推进，资金会出现价值增值的现象，因此它也被称作货币时间价值。我们对企业的发展过程进行梳理，可以发现，在投入、运用以及回收等涉及资金的各个环节中，即使是同样数额的资金，其在不同的时间节点上所蕴含的价值也是完全不一样的，因此产生了资金的价值差额，对外表现出来就是资金的时间价值。

一、资金时间价值产生的原因

（1）资金的时间价值是对货币资源稀缺性的一种体现。我们需要对社会资源进行一定的消耗才能够使社会和经济得到发展，我们现在的社会财富就是由现有的社会资源组成的，而未来的社会财富，则是利用这些现有的社会资源进行创造产生的文化产品和物质产品共同构成的。社会资源并不是无限的，它其实是很稀缺的，而且由社会资源还能够产生更多的社会产品，因此，物品在现在所能发挥的效用比未来更大一些。在现行的货币经济的情况下，商品的价值主要是通过货币来体现的，现在的商品需要用现在的货币进行支配，而未来的商品则需要用未来的货币进行支配，因此，现在货币的价值是要比未来货币的价值更高一些。市场利息率就是对货币的时间价值进行衡量的一个标准，它主要反映的就是经济的平均增长情况以及社会资源的稀缺情况。

（2）流通货币本身所固有的一个特征就是货币的时间价值。我们现在所使用的货币制度是信任货币制度，市面上正在流通的货币主要是由两部分构成：一部分是由中央银行发行的基础货币，另一部分则是在商业银行体系中产生的派生存款。现在我们使用的信用货币越来越多，因此造成了货币的普遍贬值，并形成了通货膨胀，而且这种现象已经越来越普遍了。这也导致了目前的货币价值始终要比未来货币的价值更高一些。市场利息率能够对目前的通货膨胀水平以及可贷资金的情况进行反映，随着时间的不断推进，货币价值的下降程度究竟如何也可以由此反映出来。

（3）货币的时间价值可以一定程度地反映人们的认知心理。人们的认知是具有一定的局限性的，对于现在的事物，人们往往具有比较强的感知能力，而对于未来的事物，大家则普遍不够敏感，认知不清楚，因此，大多数人都会有一种只看重当下而不顾未来的心理。我们通过使用现在的货币来对现在的商品和服务进行支配，使我们现在的切实需求得到满足，而未来的货币对现在是没有用的，只能对未来的商品和服务进行支配，满足的也是我们未来的需求，这个需求目前来看还是不确定的。因此，对于我们来说，现在的单位货币所具有的价值远远高出未来的单位货币所具有的价值。如果我们想让人们放弃现在的货币和其所具有的价值，那么我们一定要有所付出才行，这需要付出的代价就是利息率。

（4）要想产生资金的时间价值，有一个重要的条件就是要存在借贷关系。随着市场经济的不断发展，借贷关系已经成为一种在社会上普遍存在的关系了，资金的所有权和使用权因为借贷关系而被分离开来。通过借贷，资金的拥有者可以转让资金的使用权，将其转给需要的人，即资金的使用者，而使用者也不是白白使用这部分资金的，他们需要向资金的所有者支付一定的报酬，即资金增值的一部分，使用者使用的资金数额越多，使用资金的时间越长，支付给资金所有者的报酬越多。在这个周转的过程中，资金会产生一定的价值增值，正是因为有了这部分价值增值，才使资金产生了时间价值。

二、资金时间价值的特征

站在全社会的角度上，如果我们忽略通货膨胀的影响，也忽略可能存在的风险，那么，对资金的时间价值起决定作用的就是资金利润率的社会平均水平。资金本身是会趋向于盈利而规避风险的，如果资本市场是有效的，那么在市场中就会具有十分充分的竞争力，这种情况下，市场是不会有产生暴利的可能的，大家都知道整个行业的利润水平是完全透明的，这就造成了在整个社会中，无风险的利润率达到平均化水平，我们付出同样的资本就会收获同样的利率。所以，如果我们要对资金的时间价值进行定量分析的话，它实际上就是在没有通货膨胀的情况下，全社会的无风险利润率的平均水平。我们采用的对资金的时间价值进行计算的方法其实就是对相关利息进行计算的方法，所以，我们经常会分不清利率和资金的时间价值，常常将二者混为一谈。

事实上，任何一个企业在将财务管理组织起来的过程中，一定存在风险，因为通货膨胀作为一种经济现象在市场经济中是客观存在的。所以，我们所说的整个社会的无风险利润率的平均水平，除了包括上面说到的资金的时间价值，通货膨胀情况以及风险价值也都应当被考虑进去。

货币的时间价值通常使用相对数表示，但用绝对数来进行表示也不是完全不行的。我们在进行实际操作的过程中，对资金的时间价值进行表示时，一般都会采用国债的利率或者银行的存款利率。在通货膨胀率比较低的情况下，整个社会的无风险利率的平均水平，也可以用国债的利率或者是银行的存款利率来表示。资金的时间价值作为一种经济范畴是客观存在的，企业的财务管理活动需要对资金的时间价值进行重点考虑。这能够促进企业财务管理水平的提高，使企业的投资和资金分配得到保障。

三、资金时间价值的作用

资金的时间价值在企业财务管理中的作用主要表现在以下两个方面。

（一）资金的时间价值与企业筹资决策

在企业短期筹资决策中，短期借款、应付账款、票据贴现等筹资方式的选择和利用都涉及资金时间价值的计量。在企业长期筹资决策中，一般都要计算资金成本。资金成本与货币的时间价值有着密切的联系。首先，资金成本是筹资方为了筹集资金所付出的代价，但从投资方（资金所有者方）来看则是其让渡资金使用权所要求得到的必要的报酬。筹资方要付出多大代价，资金所有者要求得到多少报酬，主要取决于资金的时间价值。实际的资金成本还要受风险价值等其他因素的影响和制约。其次，资金成本的计算还应考虑资金时间价值并采用贴现方法确定。同时，在长期筹资决策中，还会遇到还本方式、付息方式的选择，需要将各期现金流出量换算成现值，因此，也属于资金时间价值的计量和比较形式。

（二）资金的时间价值与投资决策

在短期投资决策中，资金时间价值的计算通常用机会成本来反映。例如，现金的持有量决策、信用政策决策、存货最佳采购批量决策等都存在机会成本的计算问题。做出正确的短期投资决策需要对资金的时间价值进行考虑，对机会成本进行正确的计算。在对长期投资进行决策的过程中，主要的方法是动态分析法。在研究项目投资的可行性、分析项目投资方案的优劣时，都需要将项目投资的现金流量按时间价值率（及附加的风险补偿率）换算成现值，才能做出进一步的经济评价。资金的时间价值贯穿于建筑施工企业财务管理的全过程，是建筑施工企业进行筹资决策和投资决策的重要依据。

第二节　风险与报酬均衡

风险需要有一定的条件作为前提。风险的大小随时间的延续而变化，风险存在于一定的时期内。风险和不确定性并不完全一致。风险是指事发之前能够了解到的可能产生的结果以及产生各种结果的概率。不确定性是指事前不能预测的可能结果，或是即使知道可能的结果但不能确定出现的概率，或是可能的结果和出现的概率都不知道，都只能预测。不确定性投资方案，是指对各种情况出现的可能性不清楚，无法加以计量的投资决策。但在实际问题面前，区分风险和不确定性存在困难，通常不能准确掌握风险问题的概率，而对于不确定性问题能够估算出概率，对不确定性投资方案中各种情况出现的可能性规定一些主观概率，所以能够将不确定性投资方案向风险性投资方案转变，因此在财务管理中，不严格区分风险和不确定性，而是将风险当作能够估算概率的不确定性。

风险具有客观性和普遍性，在企业的财务活动中普遍存在，并且能够对企业的财务目标产生影响。企业的财务活动一般都是在存在风险的情况下进行的，存在大量的不可预测、不能掌控的原因导致企业因风险亏损。企业在存在风险的情况下投资是为了获得更大的收益，对风险进行仔细分析可以承担较小的风险。某一行动的结果具有多种可能而不肯定，就称之为有风险；反之，就称之为没风险，如购买政府发行的国库券，该国库券的利率到期肯定可以实现。

在财务管理方面，风险存在于企业的财务活动过程中，因为不能预测或不能控制的因素，导致企业的实际收益和预计收益之间出现偏差，从而有出现经济损失的可能。但人们在投资活动中，由于主观努力，把握时机，往往能有效地避免失败，并取得较高的收益。

一、风险的类型

企业面临的风险可以分为以下两类。

（一）企业面临的系统风险

系统风险也称为市场风险，是指在一定时期内影响到市场上所有公司的风险。系统风险由公司外部的某一个因素或多个因素引起，单个公司无法通过管理手段控制，无法通过投资组合分散，波及市场上所有的投资对象。

（二）企业面临的非系统风险

非系统风险，是指在一定时期内影响到市场上个别公司的风险。非系统风险实际上是因为某个影响因素或事件造成的只影响个别公司的风险，因此又叫企业特有风险。非系统风险是随机发生的，只与个别公司和个别项目决策有关，因此，非系统风险可以通过管理手段、投资组合等进行分散，如技术研发失败、产品开发失败、销售额下降、工人罢工等。

1. 财务风险

财务风险，是指公司负债经营而给公司未来财务成果带来的不确定性。公司负债经营，一方面，可以解决其资金短缺问题，为公司扩张、经营周转等提供资金保障；另一方面，可以获得财务杠杆效应，提高自有资金的获利能力。但是，负债经营改变了公司原有的资金结构，增加了固定的利息负担和还本压力，加剧了公司资金链的压力；另外，负债经营所获得的利润是否大于支付的利息额，具有不确定性。在负债经营中，资产负债率高，公司的负担就重，财务风险就会增加；资产负债率低，公司的负担就轻，财务风险就会降低。因此，必须保持合理的负债，这样既能提高资金获利能力，又能防止财务风险加大。

2. 经营风险

经营风险，是指公司所处的生产经营条件发生变化而给公司预期收益带来的不确定性。经营风险的产生可能来自公司内部条件的变化，如管理理念改变、决策层思维改变、执行过程的偏差、员工不满导致的道德风险等；也可能来自公司外部条件的变化，如顾客购买意愿发生变化、竞争对手增加、政策变化等。公司所处内部、外部条件的变化，使公司在生产经营上面临不确定性，从而产生收益的不确定性，因此，公司应当加强经营管理，提高预测风险的能力。

二、风险报酬

风险报酬，是指决策者冒着风险进行投资而获得的超过货币时间价值的那部分额外报酬，是对决策者冒风险的一种价值补偿，也称风险价值。公司在风险环境中开展财务活动和经营管理活动。在风险项目投资决策中，不同的决策者有不同的出发点，有的决策者力求规避风险，有的决策者敢于冒风险。一般而言，决策者冒着风险投资，是为了获得更高的报酬，冒的风险越大，要求的报酬就越高；反之，要求的报酬就越低。风险与报酬之间存在密切关系，一般而言，高风险的项目会有高的报酬，低风险的项目会有低的报酬。

风险报酬的表现形式有风险报酬额和风险报酬率两种，在实务中，一般用风险报酬率来表示。如果不考虑通货膨胀，决策者投资风险项目所希望得到的投资报酬率是无风险报酬率与风险报酬率之和。投资报酬率的计算公式为

$$投资报酬率 = 无风险报酬率 + 风险报酬率$$

其中，无风险报酬率是在没有风险条件下的资金时间价值，是决策者投资某一项目一定能够实现的报酬，可用政府债券利率或银行存款利率表示。风险报酬率是决策者进行风险项目投资获得超过资金时间价值的额外报酬。风险报酬率与风险项目的风险程度和风险报酬斜率的大小有关，成正比关系。风险报酬斜率可根据历史资料用高低点法、直线回归法或由企业管理人员根据经验确定。

三、风险的衡量

财务决策将资金风险作为其基本依据。如在投资决策过程中要对资金的时间价值和资金风险收益的获取进行考虑。在进行风险投资时要明确风险价值观念，衡量风险和收益之间的关系，尽量选择风险较低、收益较高的投资方案。在投资过程中，尽量通过投资组合对投资风险进行防范；在筹集资金的决策中要综合考虑资本成本和筹集资金的风险，对负债经营进行合理使用从而获得收益，同时要对财务危机进行防范；在外汇收支决策中，需要事先采取减少外汇风险的措施，对财务进行科学的运作，以求在投资中获得收益。

在市场环境中，风险是客观存在的，时刻伴随着公司而存在。在财务管理中，风险决策是很重要的，既要充分认识到风险的普遍性和客观性，又要尽量避免风险，减少风险。因此，在财务管理中，正确地衡量风险非常重要。在实务中，可以利用概率分布、期望值和标准差来计算与衡量风险的大小。

（1）概率。概率是指用来反映随机事件发生的可能性大小的数值。如果某一事件可能发生，也可能不发生，可能出现这种结果，也可能出现另外一种结果，这一事件就称为随机事件；如果某一事件一定出现某一种结果，这一事件就称为必然事件；如果某一事件不会出现某一种结果，这一事件就称为不可能事件。

（2）期望值。期望值是指随机事件可能发生的结果与各自概率乘积的加权平均数。

（3）标准差。标准差用来衡量概率分布中各种可能值对期望值的偏离程度，标准差反映风险的大小。标准差越大，风险就越大；标准差越小，风险就越小。

（4）标准离差率。标准差可以用来反映相同期望值在不同条件下的风险大小，但在实际工作中，各种风险投资项目的期望值不一定相同，因此，有必要引入标准离差率来分析期望值不同的风险投资方案。标准离差率是指风险投资项目的标准差除以期望值得出的系数，也称离散系数。标准离差率是一个相对数，在期望值不同的条件下应用。标准离差率越大，预期结果的不确定性就越大，风险就越大；相反，标准离差率越小，预期结果的不确定性就越小，风险也就越小。

第三章　企业筹资管理

第一节　筹资管理与权益资金筹集

一、筹资管理

一个项目的资金筹措是需要借助一定的渠道，并且采用某种方式来保证的。

（一）筹资的渠道分析

资金的筹集有着各式各样的渠道，不同渠道的资金来源和供应量的大小不同。所以了解和掌握不同渠道的特点，对于一个企业的资本补充是有长效帮助的，总体而言，资金的筹措渠道主要有以下几类。

（1）国有财政拨款。国有财政资金主要是国家政府相关机构通过税收所得的收入，在市场中的进一步分化形成特有资金。我国具有国有权属性质的企业、事业单位的主要资金都出自此。进而言之，虽然国家财政资金在一定的条件下可以划拨给相关企业，但是从其根本上来说，这部分资金的权属为国家所有。

（2）银行的信贷资金。此类资金的供应在我国主要是通过银行机构来完成的。根据性质，银行可以划分为两种类型：第一种是商业银行，是以资金借贷获取利息的纯粹商业性的金融机构；第二种是以政策为导向的银行，是在一定的政策前提下，为特定的企业提供资金贷款的金融机构。

（3）非银行类金融机构。这类机构是在中国经济市场上除银行以外的各类借贷公司、融资租赁公司、证券公司、投资公司等。它们的业务形式相对来说比较灵活，能够为企业提供灵活的资金以及物资。

（4）其他的企业资金。一个企业在日常经营发展过程中，每个年度或者经营周期都会或多或少存在利润分配后所剩的闲置资金，这不仅可以为本企业的未来发展做战略性的投资，此外还可以在企业与企业间进行信用借贷或者用作第三方保证，这种商业行为会形成企业与企业间的债权关系，所以企业的资金也是市场化资金的一个重要来源。

（5）居民的个人资产。对于居民个体来说，在生活必需资金以外往往会有一定的结余用作个人投资以获得收益，企业优先股与普通股的发行，其实质就是居民个人资金的筹集和使用。

（6）企业自留资金。企业自留资金是指，企业在一个会计周期内，用所有营业利润以及营业外利润减去设备折旧、管理分摊、法定公积金、盈余公积金、未分配利润所剩的资金。从定义得知，企业自留资金的多寡与管理效率、设备使用与保养情况、企业资本的扩大与减缩都有着直接的关系。

（二）筹资的方式

企业筹资的方式是一个企业对于资金的筹集所采用的方法与方式。资金的筹集渠道如上所述，是一种客观存在的经济行为，而筹资方式则具有一定的主观性。所以企业在筹资的决策上，选择何种筹资方式或者措施是资金筹集的一个重点。这不仅对企业筹集资金的效率有着至关重要的影响，对于其筹资成本也有着决定性的影响。

当下，我国企业的资金筹措主要有以下几种形式：第一，吸纳直接的投资；第二，发行优先股、普通股；第三，采用银行贷款；第四，商业信用借贷；第五，公开发行债券；第六，进行融资租赁。

资金的获取必须通过一定的渠道来导入和完成。而资金的筹措方式是指为了获取资金采取怎样的手段和措施。两者的关系是比较明晰的，渠道可以是很多种，一定的筹资方式也许只能匹配一种渠道，但是一个渠道可能会匹配多种方式。

二、权益资金筹集

企业的投资，根据经济学范畴或者资金的来源可以分为两大类：第一类是投资主体固有的资金，也就是说该部分资金的所有权归投资人所有。这也是企业全部资金的主要构成，是企业净资产，是区分股东权益大小的主要依据。企业净资产主要包括原始投入、盈余公积金、资本公积金、未分配利润等。第二类资金来源，是如前文所述的以信用或者抵押等方式对外所筹集的资金。权益资金不用还本，故称自有资金或主权资金。

（一）权益资金筹集中股票的特性

股票是股份公司为筹集主权资金而发行的有价证券。它是持股人拥有公司股份的凭证。它表示了持股人在股份公司中拥有的权利和应承担的义务。股票作为一种所有权凭证，代表着股东对发行公司净资产的所有权。股票具有以下四个特性。

（1）股票是有价证券。有价证券是某种权利的化身，股票的持有者是股份公司的股东，股东拥有两个权利：一是对公司董事会选举有表决权；二是有按其相应股份取得股息或红利的权利，对公司的剩余财产有请求权。股东的上述权利与股票的持有不可分离，权利的大小与占有股份的多少密切相关。

（2）股票是要式证券。股票必须按法定形式记载重要事项：公司名称，设立登记或发行新股变更登记年月日，发行股数及每股金额，特别股票应载明特别事项。

（3）股票具有可转让性。上市公司的股票能在股票市场进行交易，可随时转让，变现性强。

（4）股票持有者面临较大的风险。股票一经购买，不能退回本金，股票的收益也带有不确定性，公司破产时股票持有者要承担有限责任。

（二）权益资金筹集中普通股筹资的优缺点

普通股股票是公司发行的代表股东享有平等权利和义务，不加特别限制，股利不固定的股票，简称普通股。

1. 普通股筹资优点

（1）提升公司的信誉和举债能力。普通股的发行可以增加股份公司对于股权资金的投入，还可以扩大公司的资产，这不仅可以提升公司对外的信誉和口碑，还可以提升公司的举债能力。

（2）降低公司的业务风险。对于普通股，不需要到期付息、归还股本，所以也就不存在到期偿付的额外风险。

（3）增强公司经营模式的灵活性。普通股的发行相比较优先股，其限制和要求比较少，而且可以很好地抵抗通货膨胀所带来的风险。

2. 普通股筹资缺点

（1）发行成本比较高。普通股的发行，其资金成本往往要高于其他的借贷成本，是由于一方面股东对于股票回报的期望值较高，另一方面它的发行费也比其他证券高。

（2）对于股权的争夺。股票发行其实就是对于股权的分散和重新分配。

（3）降低每股的收益所得，从而降低股价。公司在发行股票的时候，最终会导致公司权益盈余的重新分配，股权人数的增加导致每股收益减少，然后进一步导致股价下跌。

第二节　短期、长期负债筹资

一、短期的负债筹资

负债筹资是指通过负债筹集资金。负债是企业一项重要的资金来源。负债筹资是与普通股筹资性质不同的筹资方式，与普通股筹资相比，负债筹资的特点表现为：一是筹集的资金具有使用上的时间性，需到期偿还；二是不论企业经营好坏，需固定支付债务利息，从而形成企业固定的负担；三是其资本成本一般比普通股筹资成本低，且不会分散投资者对企业的控制权。

（一）短期负债筹资的特征

短期负债筹资所筹资金的可使用时间较短，一般不超过 1 年。短期负债筹资具有的特征如下。

（1）筹资速度快。长期负债的债权人为了保护自身利益，往往要对债务人进行全面的财务调查，筹资所需时间一般较长，且不易取得；而短期负债在较短时间内即可归还，故债权人顾虑较少，容易取得。

（2）筹资有弹性。通过长期负债筹资，债权人或有关方面经常会向债务人提出限定性条件或管理规定；而短期负债的限制则相对宽松，使筹资企业的资金使用较为灵活、有弹性。

（3）筹资成本较低。一般而言，短期负债的利率低于长期负债，因此，短期负债筹资的成本也就较低。

（4）筹资风险高。短期负债需在短期内偿还，因而要求筹资企业在短期内拿出足够的资金偿还债务，若企业届时资金安排不当，就会陷入财务危机。此外，短期负债利率的波动比较大，有时高于长期负债的利率水平也是可能的。

(二) 短期负债筹资的主要形式

短期负债筹资最主要的形式是短期借款和商业信用。负债是企业所承担的能以货币计量、需以资产或劳务偿付的债务。企业通过银行借款、发行债券、融资租赁及商业信用等方式筹集的资金属于企业的负债。由于负债要归还本金和利息，故称企业的借入资金或债务资金。

1. 短期负债筹资中的短期借款

短期借款是指企业根据借款合同向银行或非银行金融机构借入的需要还本付息的款项。

（1）短期借款的种类。我国目前的短期借款按照目的和用途分为若干种，主要有生产周转借款、临时借款和结算借款等。按照国际通行做法，短期借款根据偿还方式的不同，可分为一次性偿还借款和分期偿还借款；根据利息支付方法的不同，可分为收款法借款、贴现法借款和加息法借款；根据有无担保，可分为抵押借款和信用借款等。企业在申请借款时，应根据各种借款的条件和需要加以选择。

（2）短期借款的取得。首先，企业必须提出申请，经审查同意后借贷双方签订借款合同，注明借款的用途、金额、利率、期限、还款方式及违约责任等；其次，根据借款合同办理借款手续；最后，借款手续办理完毕，企业取得借款。

（3）短期借款的信用条件。按照国际通行做法，银行发放短期借款往往附带一些信用条件，主要包括以下几个。

第一，信贷限额。信贷限额是银行对借款人规定的无担保贷款的最高额。信贷限额的有效期限通常为 1 年，但根据情况也可延期 1 年。一般而言，企业在批准的信贷限额内，可随时使用银行借款，但是，银行并不承担必须提供全部信贷限额的义务。如果企业信誉恶化，即使银行曾同意按信贷限额提供贷款，企业也可能得不到借款。在这种情况下，银行不会承担相应的法律责任。

第二，周转信贷协定。周转信贷协定是银行从法律上承诺向企业提供不超过某一最高限额的贷款协定。在协定有效期内，只要企业的借款总额未超过最高限额，银行就必须满足企业在任何时候提出的借款要求。企业享有周转信贷协定，通常要就贷款限额的未使用部分付给银行一笔承诺费。

第三，补偿性余额。补偿性余额是指银行要求借款企业在银行中保留一定数额的存款余额，为借款额的 10% ~ 20%。目的是降低银行贷款风险，但同时加重了借款企业的利息负担。

第四，借款抵押。银行向财务风险较大的企业或对其信誉难以把握的企业发放贷款，有时需要抵押品作担保，以降低自身可能蒙受损失的风险。短期借款的抵押品经常是借款企业的应收账款、存货、股票、债券等。银行接受抵押品后，将根据抵押品的面值决定贷款金额，抵押品面值比例的高低取决于抵押品的变现能力和银行的风险偏好。抵押借款的成本通常高于非抵押借款，这是因为银行主要向信誉好的客户提供非抵押贷款，而将抵押贷款看成一种风险投资，所以要收取较高的利息。同时，由于银行管理抵押贷款要比管理非抵押贷款更难，因而往往要另收手续费。对于企业来讲，向银行提供抵押品会限制其财产的使用和将来的借款能力。

第五，偿还条件。贷款的偿还有到期一次偿还和在贷款期内定期（每月、季）等额偿还两种方式。一般而言，企业不希望采用后一种偿还方式，因为它会提高借款的实际利率；而银行则不希望采用前一种偿还方式，因为它会加重企业的财务负担，增加企业的拒付风险，同时还会降低实际贷款利率。

第六，其他承诺。银行有时会要求企业为取得贷款而作出其他承诺，如及时提供财务报表、保持适当的财务水平（如特定的流动比率）等。如企业违背所作出的承诺，银行则可要求企业立即偿还全部贷款。

（4）短期借款利率及其支付方法。短期借款的利率多种多样，利息支付方法也不尽相同，银行将根据借款企业的具体情况选用。

第一，借款利率。借款利率一般包括以下几种。优惠利率，这是银行向财力雄厚、经营状况良好的企业贷款时收取的名义利率，为贷款利率的最低限；浮动优惠利率，这是一种随其他短期利率的变动而浮动的优惠利率，即随市场条件的变化而随时调整变化的利率；非优惠利率，这是银行贷款给一般企业时收取的高于优惠利率的利率，经常在优惠利率的基础上加一定的百分比。

第二，借款利息的支付方式。一是收款法。收款法是在借款到期时向银行支付利息的方法。银行向工商企业发放的贷款大都采用这种方法收息。二是贴现法。贴现法是银行向企业发放贷款时，先从本金中扣除利息部分，而到期时借款企业则要偿还贷款全部本金的一种计息方法。采用这种方法，企业可利用的贷款额只有本金减去利息部分后的差额。因此，贷款的实际利率高于名义利率。三是加息法。加息法是银行发放分期等额偿还贷款时采用的利息收取方法。在分期等额偿还贷款的情况下，银行要将根据名义利率计算的利息加到贷款本金上计算出贷款的本息和，要求企业在贷款期内分期偿还本息之和的金额。由于分期均衡偿还贷款，借款企业实际上只平均使用了贷款本金的半数，却支付全额利息，企业所负担的实际利率便高于名义利率大约 1 倍。

第三，银行借款的优缺点。银行借款的优点为：筹资速度快，与发行证券相比，不需印刷证券、报请批准等，一般所需时间短，可较快地满足资金的需要；筹资的成本低，与发行债券相比，借款利率较低，并且不需支付发行费用；借款灵活性大，企业与银行可以直接接触，商谈借款金额、期限和利率等具体条款。借款后如情况有变化可再次协商。到期还款有困难，如能取得银行谅解，也可延期归还。银行借款的缺点为筹资数额较少，银行会提出对企业不利的限制条款。

2. 短期负债筹资中的商业信用

商业信用是指商品交易中的延期付款、预收货款或延期交货而形成的借贷关系。它是企业间的直接信用行为。商业信用是商品交易中钱与货在时间上的分离。它的表现形式主要是先取货、后付款，先付款、后取货两种，是自然性融资。商业信用产生于银行信用之前。在银行信用出现以后，商业信用依然存在。企业间商业信用的形式较多，主要有应付账款、应付票据、预收货款。

（1）应付账款。应付账款即赊购商品形成的欠款，是一种典型的商业信用形式。应付账款是卖方向买方提供信用，允许买方收到商品后不立即付款，可延长一定时间。这样做既解决了买方暂时性的资金短缺困难，又便于卖方推销商品。

企业在利用应付账款进行短期筹资时，主要应考虑信用条件和成本。企业在利用商业信用进行筹资时，必须对卖方提供的信用条件加以分析，将其中的现金折扣视为信用成本。如果付款时间超过了可取得现金折扣所规定的期限时，这一成本就必然发生。

在附有信用条件的情况下，由于获得不同信用要付出不同的代价，因而买方企业就要在不同条件的信用间作出决策。一般而言，如果能以低于放弃折扣的隐含利息成本（实质是一种机会成本）的利率借入资金，便应在现金折扣期内用借入的资金支付货款，享受现金折扣。

如果在折扣期内将应付账款用于短期投资，所得的投资收益高于放弃折扣的隐含利息成本，则应放弃折扣而去追求更高的收益。当然，即使企业放弃折扣优惠，也应将付款日推迟至信用期内的最后一天，以减少放弃折扣的成本。如果企业因缺乏资金而欲展延付款期，则需在降低了的放弃折扣成本与展延付款带的损失之间作出选择。展延付款带来的损失主要是指因企业信誉恶化而对供应商乃至其他贷款人丧失信用，或日后须接受苛刻的信用条件。如果面对两家以上提供不同信用条件的卖方，则应通过衡量放弃折扣成本的大小，选择信用成本最小（或所获利益最大）的一家。

（2）应付票据。应付票据是企业在对外经济往来中，对应付债务所开出的票据。应付票据主要是商业汇票。根据承兑人的不同，商业汇票可分为商业承兑汇票和银行承兑汇票。商业承兑汇票是由收款人开出，经付款人承兑，或由付款人开出并承兑的汇票；银行承兑汇票是由收款人或承兑申请人开出，由银行审查同意承兑的汇票。

商业承兑汇票由付款人承兑，若到期时付款人银行存款账户余额不足以支付票款，银行不承担付款责任，只负责将汇票退还收款人，由收款人与付款人自行协商处理；银行承兑汇票由承兑银行承兑，若到期时承兑申请人存款余额不足以支付票款，承兑银行应向收款人或贴现银行无条件支付票款，同时对承兑申请人执行扣款，并对未扣回的承兑金额按每天万分之五计收罚息。商业汇票是一种期票，最长期限 6 个月，对于买方（付款人）而言，它是一种短期融资方式；对于卖方（收款人）而言，也可能产生一种融资行为，就是票据贴现。票据贴现是指持票人把未到期的商业票据转让给银行，贴付一定的利息以取得银行资金的一种借贷行为。它是一种以票据为担保的贷款，是一种银行信用。

（3）预收货款。预收货款是指卖方按照合同或协议的规定，在发出商品之前向买方预收的部分或全部货款的信用行为。它等于卖方向买方先借一笔款项，再用商品偿还。这种情况中的商品往往是紧俏的，买方乐意预付货款而取得期货，卖方由此筹集到资金，但应防止卖方企业乘机乱收预收货款，不合理地占用其他企业资金。

商业信用融资有简单方便、无实际成本、约束和限制少等优点，最大的优越性在于容易取得。第一，对于多数企业来说，商业信用是一种持续性的信贷形式，且无须正式办理筹资手续；第二，如果没有现金折扣或使用不带息票据，则商业信用筹资不负担成本，其缺陷在于期限较短，在放弃现金折扣时的机会成本较高。

二、长期的负债筹资

长期负债是指期限超过 1 年的负债。筹措长期负债，主要是为了满足在企业日常经营中对于固定资产的采购和使用的需求，以及运营中某些经济活动所致的长期资金的不足。长期负债的主要优点是资金可以长期使用，偿还压力和风险相对较小。但是相对的缺点是筹措成本高，尤其是相对于短期借贷来说，利率是较高的，此外长期负债的限制条件比较多，这也是债权人为了保证资金得到可靠的回收而事前实施的降低资金风险的一种措施。

（一）长期借款

长期借款是企业向银行等金融机构取得的期限在 1 年以上的借款。这是构成企业经营资金的主要来源，特别是企业长期负债的主要构成。

长期借款按来源的不同，可以分为政策性贷款、商业性贷款以及市场中其他类金融机构贷款；按照抵押关系，可以分为抵押贷款和无抵押信用贷款；按照资金的使用情况分类，可以分为固定资产借贷、更新设备借贷、技术研发借贷等。

（1）长期借款筹资的优点。长期借款筹资的优点主要包括：筹资速度快、弹性好、借款成本低以及可带来财务杠杆利益等。与发行股票、债券相比，以长期借款方式筹集资金的速度较快。在借款时和借款后，企业能就借款金额、偿还时间等方面与银行面对面地协商，筹资弹性好。长期借款利率一般低于债券利率，与股息相比，利息在税前支付，具有抵税作用，筹资费用少，资本成本低。在企业经营状况良好时，借贷资金的利息率通常会低于企业全部资本报酬率，可以提高自有资金收益水平，增加股东财富。

（2）长期借款筹资的缺点。长期借款筹资的主要缺点就是财务风险很大，而且借贷的前置条件和限制较多。长期负债不仅在企业的整体负债上占据了很大的比重，此外对于长期的利息和到期付本的压力也非常大。虽然长期借款可以及时补充资金，但是给企业未来的长期运营也带来了一定的压力和风险。

（二）债券

债券是企业为了筹集资金而采取的另一种方式。它是企业依据一定的法律程序发行，并向债权人承诺于指定日期还本付息的有价证券。

（1）按照发行主体的不同，债券可分为政府性质的债券、市场化金融债券和企业债券。顾名思义，政府性质的债券是由政府统一发行的，其主要优点是风险小、流动性强。市场化金融债券是经济市场中金融机构所发行的债券，其主要优点是风险小、流动性强，但是利率较高。企业债券是各企业根据自己的实际需要所发行的有价证券，其主要的特点是风险大、利率高、流动性差。

（2）按照是否以抵押担保的方式，债券可分为三种类型，即信用债券、抵押债券以及担保债券。对于信用债券来讲，就是用企业发行者自身市场信誉和经济评价来确定的一种债券。上文所提政府性质的债券就是信用债券的一种。抵押债券就是发行人用抵押物，如不动产和动产作为担保而发行的债券，当企业期末不能偿还或结清时，可以折价拍卖抵押物作以补充。担保债券是发行人在发行债券时可由担保人做担保，一旦出现企业不能偿还债券的情况，债权人可以要求担保人偿还。

（3）按照还款期限，债券可分为短期债券和长期债券。时限在 1 年以内就被称为短期债券，超出 1 年的被称为长期债券。

（4）按照债券中是否记名，债券可分为记名债券和无记名债券。记名债券是指在债券的存根上登记了债券持有人的姓名或名称及住所。债券转让要以背书形式或法律法规规定的其他方式进行，并由公司变更存根簿的债券持有人姓名或名称及住所。无记名债券是券面上和公司债券存根簿上不记有债券持有人姓名或名称及住所的债券。债券持有人凭债券领取利息、收取本金。无记名债券的转让无须办理过户手续，比较自由、方便。

（5）按计息标准分类。按照利率在发行期内是否可以调整，债券可分为固定利率债券和浮动利率债券。固定利率债券的利率在发行时已确定并载于债券券面，即使市场利率发生变化也不予调整；浮动利率债券的利率在发行债券之初不固定，在发行期内随某一基准利率（如银行存款利率、政府债券利率）的变动方向进行调整。

（6）一次性全部偿还和分期偿还。依据债务本金的还款方式，债券可分为一次性全部偿还和分期偿还两类。分期偿还债券可以减轻发行企业偿还债务的压力，降低债权人的风险。

（7）依据能否转化为普通股，可将债券分为可转换与不可转换两类。可转换债券就是在一定的时期内，可以按照一定的价格和比率转换成普通股票的债券。与之相反，不能转换为普通股票的债券为不可转换债券。

第三节　资金成本的作用与结构

一、资金成本的作用

一个项目的资金成本是企业资金的筹措和投资的基础与前提。

（1）资金成本是一个项目确定资金的筹措模式与投资追加方案的依据。第一，有的资金成本是各类资金筹措的关键标准。开发商或者企业可以根据资金来源的多元化和多渠道，结合自身的实际情况来选择合适的筹措方式。第二，综合性的资金成本也是开发商或者企业构建成本结构的先决基础，不同的资金成本以及不同的资金组合决定了成本的组合模式与股权模式。第三，边际效益也是确定资金成本与筹措方式的重要依据之一。基于成本边际效益的计算，可以合理确定具体的筹措模式。

（2）投资一个项目要有一定的回报率，而资金成本往往作为投资回收率的下限，如果实际的利润率或者报酬率小于资金成本，则该项目投资模式是不合理的。这表明，资金成本是项目投资的最低收益率，也是判断项目可行性的标准。

（3）资金成本还可作为评价企业经营成果的依据。投资者要获得资金成本的收益，需要通过对资本使用者所获收益的分割来实现。如果资本使用者不能满足投资者的收益要求，资本将退出原资本使用者的经营领域而重新寻找新的资本使用者。因此，资金成本在一定程度上就成为判断企业经营业绩的重要依据。企业的资本收益率大于资金成本时，表明企业经营状况良好，否则将被认为经营不善。

二、资金成本的结构

部分资金来源于外借资金或其他方式的外部筹措。这种资金的筹措方式主要包括向银行贷款、债券筹资、优先股发行、普通股发行和最后留存的收益成本。

（1）银行贷款的资金成本。

（2）债券筹资的资金成本。关于债券筹资的资金成本主要包含债券利息和资金的筹措费用。对于债券利息的处理基本和长期贷款利息的方式差不多，应当以税后的债务成本作为基础和依据。所以债券的资金成本和借贷资金成本的主要差别在于：①债券的筹资费用较高，不可能忽略不计；②债券的发行价格与其面值可能存在差异，从而在计算其筹资总额时要按发行价格计算。

（3）优先股资金成本。公司发行优先股需要支付发行费用，且优先股的股息通常是固定的，均从税后利润中支付，不存在抵税作用。

（4）普通股资金成本。普通股资金成本的计算最为复杂。从理论上来说，公司普通股资金成本是股东的投资期望收益率。因此，各种实际计算方法都将以此作为计算的依据。

（5）留存收益的资金成本。企业一般都不会把投资或运营所得利润按股利的方式全部分配给股东，而且相关的政策也是不允许的。所以一个企业只要有利润，必定会在企业内部留存相应的收益。企业自留利润，实质上是普通股的股东所有的，另一种说法是企业自留利润是普通股股东对于企业股权投资的追加。留存利润的规模可以参照市场或者机会成本，同时满足投资者共同的诉求和愿望。

第四节　资本结构

一、资本结构及其影响因素

资本结构是指企业的长期资本中不同资本的比重结构。广义的资本结构是指企业全部资金中各种资金的构成及其比例关系。资本结构是企业采用不同的筹资方式筹集资金形成的。各种筹资方式不同的组合类型决定着企业的资本结构及其变化，由于短期资金数量相对少，占用数量不稳定，因此，资本结构的重点是长期资本结构，资本结构的核心问题是确定全部资金中负债资金所占的比例。影响资本结构的因素有以下方面：

第一，企业所有者和管理者的态度。首先，企业所有者和经营者对控制权的态度会影响企业的资本结构。如果他们不愿分散公司控制权，则会倾向于债务筹资，提高债务资本。其次，企业所有者和经营者对风险的态度也影响企业的资本结构，如果他们不愿承担太大的财务风险，则会倾向于减少负债，缩小债务资本的比例。

第二，企业的成长性和销售的稳定性。成长中的企业需要更多的资金。当权益资金筹集有限时，扩大筹资就意味着扩大负债规模和提高负债比例，负债筹资和负债经营是促进企业成长的重要方式。销售的稳定性反映了企业的经营风险情况。销售稳定的企业，经营风险小，还本付息能力较强，可适当提高负债比例。

第三，企业的获利能力和财务状况。息税前利润是还本付息的根本来源。在总资产报酬率大于负债利息率时，利用财务杠杆能获得较高的净资产收益率；相反，在总资产报酬率小于负债利息率时，利用财务杠杆则会降低净资产收益率。由此可见，获利能力是衡量企业负债能力强弱的基本依据。由于债务要以现金来还本付息，因此，要求企业未来必须有足够的现金净流入。企业未来现金净流入量越大，说明财务状况越好，负债能力就越强。

二、资本结构的决策

资本结构决策就是要确定企业的最优资本结构。根据资本结构理论，最优资本结构是指加权平均资本成本最低、企业价值最大时的资本结构。资本结构决策的方法主要有比较资本成本法、每股收益无差别点分析法。

第一，比较资本成本法。比较资本成本法是通过计算不同筹资方案的加权平均资本成本，并从中选出加权平均资本成本最低的方案为最佳资本结构方案的方法。

第二，每股收益无差别点分析法。影响企业价值的主要因素之一是企业的盈利水平。通常情况下，能增加企业盈利、提高股东收益的资本结构是好的资本结构。每股收益无差别点分析法是通过比较每股收益进行资本结构决策的方法。

在每股收益无差别点上，无论是采用债务还是股权筹资方案，每股收益都是相等的。当预期息税前利润或业务量水平大于每股收益无差别点时，应当选择财务杠杆效应较大的筹资方案，反之亦然。在每股收益无差别点时，不同筹资方案的每股收益（EPS）是相等的，这一点是两种资本结构优劣的分界点。无差别点分析可称 EBIT – EPS 分析。

第四章　企业营运资本管理

第一节　现　金　管　理

一、持有现金的目的分析

在企业的所有资金或者资产中，最活跃、最具流通性和交易性的非现金莫属。在目前的财务系统中，现金主要包括库存的现金、银行的本票、银行的汇票等。现金的一种替代品就是有价证券，也可以说有价证券是现金的一种表现形式或转换形式。在企业的正常运行中，当企业在某一阶段现金短缺时，有价证券可以及时通过相关渠道转化为现金以供企业应急之需；当企业在某一阶段现金充裕时，可以将现金转换为有价证券。

在日常工作与生活中的大量交易行为都是需要依靠现金的支付来实现的。企业在经营过程中，经常会发生现金流入量和现金流出量不能同步同量的情况。流入量大于流出量时，形成现金置存；流入量小于流出量时，则需补充不足现金。预防性准备金是指对意外支付的准备。企业在经营过程中有时会发生预料之外的开支，所以现金的流动在流量上是具有一定的不确定性的。现金的流动性与企业初期预防性准备金投入多少有直接的关系，现金流动性的不确定性越大，那么初期的预防性准备金投入越多。而预防性准备金的多少与企业的借贷能力有极大的关系，如果企业的短期筹措能力较强，也可以相应地减少预防性准备金投入。市场上各种商品及证券的价格随时会发生变动，使人们产生了"为买而卖"的投机心理。当企业确信得到了有利的购买时机而需要动用现金时，拥有一定数额的现金储备可以为捕捉机会提供方便。

企业持有现金，可以满足交易性、预防性与投机性的需要；但同时增加了企业现金的机会成本。在目前的经济市场下，企业必须按需留置或者存置现金。现金的多少和处置方式对于一个企业的投资收益也有重要的影响，不管现金富裕还是亏缺，最终带来的都是对企业经济的负面影响。在现金的管理和使用上，流动性和盈利性也是企业经济的重要影响因素。所以，平衡现金的数量与明确现金的使用是公司资金方案决策的重要依据。

二、目标现金持有量的模式

一个公司现金的留存数量是与该公司的业务类型、经营方式及管理模式有关的。

（一）现金周转模式

现金的持有量计算，首先要明确具体的周转模式，而且要从企业运营的角度出发，通过对现金周转周期与现金周转次数的计算来权衡最终的持有量。具体的计算过程大致可以分为三步。第一步，通过统计公司对原材料、设备或其他服务的采购到生产直至投产资金回收的时间计算其现金周转期。第二步，依据上步所算现金周转期换算出年度或一个运营期的现金周转次数。按照计算法则，现金周转期数与周转次数是互为倒数的。第三步，依据周转周期与周转次数推算现金持有量。

（二）成本分析模式

对成本的分析与计算主要是通过对比不同的现金持有量方案来寻求最优的方案。现金占用或者使用成本最低的方案就是最优方案。而现金的成本主要表现为以下三种。

（1）占用的成本。公司对于现金的使用，其实就是对于资金的占用，而资金的占用是有代价的，往往与资金占有的多少、占有时间的长短、当期银行利率有直接的正向关系。

（2）管理的成本。在公司占用现金后，势必会发生资金的使用和管理，如企业员工的日常工资支出、安全管理措施、风险规避措施等。而管理的成本是一种固定成本，它与现金的占有量不存在线性关系。

（3）短缺的成本。短缺的成本与公司或者企业的正常运营有着直接的关系，现金的短缺对于企业有着根本的影响。当现金持有量不足的时候，企业就不能及时采购原材料，不能弥补流动资金的不足，或者导致后期采用更大的投入弥补企业生产和运行的诉求。

（三） 存货模式

如果采取这种存货模式来确定现金的最优持有量，会存在四种基本假设：第一种假设，企业自身现金的流入是相对稳定且可以测算的；第二种假设，企业的资金流出同样是稳定和可以预测的；第三种假设，在一定期限内，现金的需求是一定的；第四种假设，在一定期限内，企业不能出现现金的短缺。

对于一个企业的现金最优持有量的计算，用存货模式来解决是相对便捷的。通过现金在一定时期内的变现次数可知，当企业现金数量不足的时候，可以用有价证券变现来解决。但是不管是现金还是可变现的有价证券，它们的占有和使用都是有代价和成本的。如果要降低占有资金的成本就要相应地减少现金的持有量，同时加大证券变现的次数。随着变现次数的增加，那么交易的成本必然同步提升。所以现金持有成本的计算和确认其本质就是要理性确认占有成本和交易成本之间的博弈关系。按照等价关系计算，占用成本与交易成本叠加的最终结果就是现金的综合使用成本，两者之和的最低点就是公司现金的最优持有量。

（四） 随机模式

随机模式是伴随着某种现象的随机出现次数或者频率而出现的。它是一种在数学体系中概率与统计的运算结果，是基于计算某种现象的平均水平的推算。如果公司的财务现金的支出不仅是随机的而且事先无法预测，那么可以依据公司某一时段内现金随机支出中的最高支出额和最低支出额，制定一个现金控制区域，再确定其平均水平。在控制区域内，当现金额达到上限时，将现金转换成有价证券或通过资本市场短期拆借给需用单位、短期投资于其他项目；当现金余额降到下限时，则转让有价证券或贷款拆借。现金持有量上下限额（控制区域）的确定则取决于持有货币的机会成本和筹集货币资金的相关成本。随机模式主要是在未来现金流量不可预测的假设下确定最佳现金持有量，因此，其准确性是相对的。实践证明，通过这一模式计算出来的现金持有量相对保守。

第二节　企业应收账款管理

一、应收账款的风险评估

企业信用产生风险，主要是因为在商业运作的过程中产生的应收账款不能按期回收或者不能按量回收。所以为了规避和预防这种信用风险，对每个申请人进行必要的信用评估是必不可少的环节。信用的评估过程或者程序可以分为三个阶段：一是要通过申请书或者申请表了解用户信息；二是要逐条分析信息以确定申请人的可靠度；三是对信用进行最终评估和确认。企业在进行风险分析与评估时，可以借鉴 5C 评估法（或 5C 评估系统）和信用评分法。

（一）5C 评估法

5C 评估法是通过对影响客户信用的 5 个主要因素进行定性分析，以判别客户还款意愿和能力的一种专家评分法。由于这 5 个因素的英文首字母都是C，所以被称为 5C 评估法。

（1）品质（Character），代表了用户的信用程度和偿还债务的可靠性。作为借款公司或者融资公司，必须首先了解用户的历史财务信息，掌握该用户之前是否存在赖账、拖账的一贯作风。这是权衡客户是否诚实守信的重要基础，也是决定是否借贷的先决条件。

（2）能力（Capacity），代表了用户的财务基础或者资本实力。其中的财务流动资产和速动资产是衡量财务能力大小的基础，流动比率、速动比率越高，就证明该用户的偿债能力越强。不仅如此，借贷公司还要关注用户流动资产和速动资产的质量，查看是否存在不能随时变现的问题及现金支付情况如何。

（3）资本（Capital），代表了用户的资本状况和财务能力。这是用户偿还能力的物质基础。

（4）抵押（Collateral），代表了用户在特殊情况或者不可抗力情况下不能按期还债的时候，通过不动产或动产的抵押而形成的一种抗风险能力。一旦后期出现款项不能回收的情况，可以及时用抵押品抵补。

（5）条件（Condition），代表了用户在不同的政策背景和经济环境下的财务应对措施。如果出现消极环境影响，用户会采取何种措施应对债务的偿还。这就要提前了解用户在以往的经济窘境中的财务状况。

（二）信用评分法

这是一种对用户财务构成及信用情况进行打分与评判，而后对其做加权平均运算，最终得出用户的综合信用评分值，借此来进行信用评估的手段。在现实中，对用户进行逐一或统一的评估是不现实的，所以在实际的评估中还要借助其他项信息，主要有以下方面。

（1）交易核查。经常同客户的其他供应商交流信息，询证其与该客户的交往经历。

（2）银行核查。许多银行设有大型信用部门，将承担信用核查作为对客户的一项服务。通常银行会与其他银行共享信息，因此，获取信用信息的有效方式是通过自己的开户行直接进行信用调查。

（3）公司经验。公司销售部门和销售人员在经常性甚至临时性销售业务中，比较清楚客户的信用历史和付款记录，这些经验将为财务管理者提供相当有用的信息。当然，在信息传递过程中，销售人员会本能地倾向于客户，管理者应当具有一定的辨别力。

（4）权威机构的信用评级和信用报告。权威机构的信用评级与信用报告是公司了解客户的捷径。另外，商业信用数据库也将为公司的信用分析提供相应的数据信息。

二、应收账款信用政策的决策

信用准则、信用条件和相关政策是应收账款信用政策的三大构成部分。信用政策决策的基本原则是将实施信用政策或改变信用政策所引起的销售收入变化带来的收益增加额与应收账款成本增加额进行比较，从中选择能够使公司收益增加的信用政策方案。

信用准则不仅是公司信用交易的前提条件，还是扩大产业规模和吸引客户的重要基础。如果企业对其准则定位较高，或者不切实际，虽然可以极大地降低信用风险带来的赊账和坏账，但是另一方面也会失去一部分市场和客户。如果信用准则定位较低，那么用户会鱼龙混杂，信用风险必然增大，这时就需要企业对其度量权衡，尤其是在市场的扩大与风险的增加之间进行平衡，最终选择适宜的信用准则。

信用条件包含三项内容，即信用期限、现金折扣与折扣期限。信用期限是指，公司在为客户提供资金、物质或者服务的时候给予一定的免息期限，在此期限内偿还或者付款是给予免息优惠的。现金折扣是超过免息期限后再给予一定时期的折扣期限，在此期限内偿还或者付款可以享受一定比例的折扣优惠。折扣期限就是上述折扣优惠的时间段。信用条件虽然在企业发展和经营中能够有效地开拓市场，吸引更多的客户，最终能极大地提升企业的营业收入和利润。但是另一方面，信用条件也可能带来一定的负面影响，在信用风险上表现为死账、坏账、沉没成本等。

公司在决定对客户应当核定多长的折扣时限和确定赋予用户折扣力度的大小方面，务必要将信用期限与偿债回收期结合起来加以考虑。如果加速收款带来的收益能够充裕地弥补现金折扣成本，公司就可以采取现金折扣或进一步改变当前的信用条件；反之，现金优惠政策就是不恰当的。

面对不同的客户，公司首先要运用前文所述的信用评价方法进行综合评判；然后依据打分结果客观地给予相应的信用条件。可见不同的客户其信用条件是不同的。而且随着市场的变化、政策的调整、生产经营的改变，信用条件也必须做相应调整和变化。

第三节　企业存货规划与控制

一、企业存货成本规划

虽然存货管理不直接隶属于财务经理的职责范围，但是财务活动中的存货是资金运转及资金管理的重要结构要素，作为财务管理人员必须了解和掌握存货的数量控制，最终达到存货数量的平衡控制。存货成本的构成主要包含以下几个方面。

（一）短缺成本

短缺成本用 TC_s 表示，造成短缺的原因是企业存货不足或者供不应求，具体包括材料无法按时供给或者突然中断、库存物资不足等。企业如果为了生产和运营必须保证物资充裕，就必须采用高于市场价的取代物资，这样的短缺带来的是运营成本的极大提高，这也就是短缺成本的本质所在。

如果以 TC 来表示储备存货的总成本，则它的计算公式为

$$TC = TC_a + TC_c + TC_s = F_1 + D/Q \times K + DU + F_2 + K_c \times Q/2 + TC_s \quad (4-1)$$

式中：TC_a——取得成本；

TC_c——储存成本；

TC_s——短缺成本；

F_1——订货的固定成本；

D/Q——订货次数等于存货年需要量 D 除以每次进货量 Q；

K——每次订货的变动成本；

DU——购置成本；

F_2——存货的固定成本；

K_c——变动成本；

Q——每次进货量。

公司存货的最优化，即使上式 TC 最小。

（二）取得成本

取得成本用 TC_a 表示，是指企业为了获取存货所产生的各种费用成本，其中主要包括订货成本和采购成本。

（1）订货成本，主要是指获取货品及物资的所有成本，如差旅费、电话费、住宿费等费用。订货成本按其状态可以分为两种形式，一种是与采购次数不相关的固定成本，如常设机构、劳务人员按月发放的基本工资等；还有一种是与采购次数有正向线性关系的可变成本，如差旅费、住宿费、管理费等。通过以上表述，对于订货成本可以用以下数学公式表示

$$订货成本 = D/Q \times K + F_1 \quad (4-2)$$

（2）采购成本，就是货物本身的市场价值，通常做法是将货物数量与单价相乘计算所得的总价。

订货成本加上采购成本就等于存货的取得成本，可用公式表示为

$$TC_a = F_1 + D/Q \times K + DU \quad (4-3)$$

（三）储存成本

储存成本用 TC_c 表示，它是指在占有和保存存货的过程中所产生的各类

成本的总和，其中包括在使用存货的同时必然占用的企业的一部分资金，而该部分资金如果存放银行或者用作理财的话会带来一定的利润，但是存货的使用导致了该部分利润的流失。此外还包括存储货物的仓库租赁费、保管费、保养费、风险费等。

储存成本和上文所述取得成本一样可以分为固定成本和变动成本。固定成本包含仓库设备的折旧计提、职工按月发放的基本工资等。变动成本是与具体的存货数量成正向关系的，所以储存成本的基本数学公式为

$$TC_c = F_2 + K_c \times Q/2 \tag{4-4}$$

二、企业存货的预测与控制

（一）适时供应系统

适时供应系统，就是指企业根据项目设计完成建设、达到投产后，通过合理的运营规划，细化生产和销售的各个环节，并重新分析和论证来组织各环节的交叉与衔接关系。流水作业或者流水运营是所有运营系统中最优的方案，它突出的特点就是使各环节之间的逻辑关系达到最优化。这种运行方式不仅可以降低企业成本，加快企业运行速度，还可以提升企业的经济实力。

在工艺流程中，适时供应思想是企业恰好在需要时取得存货并且投入流程，使得生产准备成本最小，经济订货批量下降，存货占用资本量较低。因此，要求企业具有高效的采购计划、极为可靠的供应商以及有效的存货处理系统，并可通过计算机网络获得即时信息，从而有利于适时供应思想成为现实。

企业在运作中，通过对原材料库存的有效管理，也可以使企业的生产成本得到极大的降低。库存成本的降低与和厂家的合作关系有重要的关系，合作期长、信用关系稳定可以使库存数量有效减少。适时供应将加快生产流程，要求管理者一方面降低存货水平，另一方面防止缺货成本的发生，实现最佳的存货占用水平。

（二）经济订货的批量模型

经济订货批量是指在满足货物或物资的需求下而对应的存货成本的最低点采购数量。如果要达到最为经济的订货批量，那么主要满足以下几点：第

一，企业依据生产的需要可以随时、及时地补充原材料；第二，原材料、半成品是统一入库的，而不能间断或陆续入库；第三，不允许缺货，一定时期内要保证一定的货物数量；第四，企业用于采购货物的资金要充裕，不能因为资金的短缺而导致货品的不足。

大多数情况下，企业往往需要将货物的供给做到随用随取，所以不能等到所有货物都用完了之后，再去一一采购，而是需要在货物用完之前，通过预测和计算来完成提前采购。当企业向厂商发出订单后，库里还有一定的存货量，此时的存货量被称为货点，它的数值等于每天平均使用量与交货时间相乘的总额。打个比方，假如企业订货的时点与货期相隔十天，每天的存货使用量为 10 千克，通过上述计算所得该企业的货点等于 100 千克。所以在企业存货还剩 100 千克时，就到了再次订货的时点。

(三) 存货管理的 ABC 分析法

存货管理的 ABC 分析法是在管理学范畴实践中不断发展和完善的，目前已广泛运用于各行各业的企业管理中。ABC 分析法侧重点是对企业存货构成要素进行细化分类，如原材料、价格、人工、机械、环境等，再运用数理统计的方法进行权重占比分类，最后根据各因素对存货的影响力大小提出相应的对策。ABC 分析法按影响因素和应对措施的不同可以分为三个系列：A 系列是指占比最大、数量最少，是对于存货的影响最大的类别；C 系列是指占比最小、数量最大，是对于存货的影响最小的类别；B 系列就是 A、C 系列以外的其他系列。其应对措施是，针对 A 系列要给予重点关注和把控，对于 B 系列要进行次重点把控，对于 C 系列则实行一般把控。

第五章　企业财务分析

第一节　企业财务分析概述

一、企业财务分析

财务分析是进行财务管理的重要手段之一，其核心工作就是通过企业经济运行的日常概况进行财务分析，并实时或按既定周期做出财务报表，以供投资者、债权人以及其他与企业有关的机构和政府职能部门参考。其中，上市公司还应向证券交易所和证券监管委员会提供企业的财务报告。因此，企业应按规定按月、按季报送资产负债表、损益表、财务状况变动表，以及其他附表和财务情况说明书，这是企业财务分析的重要依据。企业进行财务分析时，必须收集内容真实和准确的资料，对收集到的资料进行深入的分析，还要收集财务决策、股票发行等有关会议记录、决议、纪要、报告、备查簿、备忘录等文字性资料和情况。

（一）不同主体的企业财务分析

财务分析的主体是指为了某种特定的目的而对企业进行财务分析的单位、团体和个人。财务分析的主体与企业存在一定的现时或潜在的利益关系。获利是企业生存的前提条件，也是企业经营的最基本的目的。为了取得一定的收益就必然耗费一定的人力、物力、财力，生产经营中所发生的成本费用支出按配比原则，由一定的受益对象负担，从其收入中取得补偿。所以成本费用的大小直接影响企业的盈利。一般来说，财务分析的主体主要有企业经营管理者、债权人、投资者、政府部门、社会中介机构等。财务分析的总目标是要评价与研究企业的财务能力。但在总目标一致的情况下，不同的主体对财务分析的目的和要求不尽相同。

1. 经营管理者的财务分析

在企业委托代理关系中，经营管理者受托代理企业的生产经营管理，对企业负全面的责任。经营管理者不仅要了解企业的资产流动性、负债水平、偿债能力等财务状况，而且要了解企业的资金周转情况、企业的资产管理水平和获利能力等，从而了解企业的经营规划和财务、成本等计划的完成情况。企业通过进行财务分析，可以全面评价企业的经营绩效，挖掘企业经营潜力，提高经济效益，预测企业的未来发展趋势。本书从公司战略、价值创造角度出发，更多的分析与公司管理当局的关注点相联系。

2. 债权人的财务分析

债权人提供资金给企业，要求企业按期偿还贷款本金和利息，债权人关心的是企业的偿债能力、资本结构以及企业长短期负债的比例。一般而言，长期债权人更多地注重企业潜在财务风险和偿债能力。通过分析企业的资产负债水平、目前的盈利情况以及盈利的稳定性，从而决定贷款规模、期限和利率等。对于短期债权人如货物赊销者、短期款出借者等短期债权人，他们最关心的是企业的即期支付能力，也就是企业资产的流动性，通过对流动比率、速动比率、现金比率等进行分析并结合应收账款、存货周转情况来判断企业的财务和信用风险，从而决定赊销规模、信用标准和信用条件等。

3. 投资者的财务分析

投资者的财务分析主要包括以下两方面的内容。

（1）投资决策的分析。投资者进行投资是为了获得资本的保值、增值，即在保全投资本金的同时，获得投资回报。投资者关心的是企业的投资回报率水平和投资风险程度，又要考虑企业的长期发展潜力。投资者在初始投资、追加投资和转让投资时，需要分析企业当前的资本结构、获利能力和未来发展能力，通过分析销售利润率、总资产周转率、净资产收益率、资本保值增值率等对企业的安全性和未来盈利能力进行评价。

（2）经营管理者履职情况的分析。由于契约成本的存在，投资者作为权益者，要选择优秀的经营管理者，并对经营管理者的业绩进行评价。因此，投资者要分析经营管理者受托责任的完成程度，分析企业的发展能力和未来财务趋势以及财务总体方面，来评价经营管理业绩以及决定继续聘用、重用、奖励或惩罚及解聘经营管理者。

4. 政府部门的评价性分析及监察性分析

政府部门，主要有工商、税务、财政和审计等，通过分析企业的财务状况和经营成果，判断企业有无通过虚假财务报告来偷逃国家税款、各项税目的缴纳是否正确等。同时通过财务分析来监督和检查企业在生产经营过程中是否遵循国家规定的各项经济政策、法规，是否有利于维护市场正常秩序，是否制定适宜的宏观经济政策和财务会计政策等。

5. 社会中介机构的财务分析

相关的中介机构主要有会计师事务所、律师事务所、资产评估事务所、各类投资咨询公司和资信评估公司等。这些机构站在第三方的角度，对企业财务进行分析，为企业股票和债券的发行等各项经济业务提供各种独立、客观、公正的服务。

（二）企业财务分析的内容

1. 企业发展能力分析（成长性评价）

财务分析的数据是历史的和当前的，但需要得出的却是对未来的发展趋势的判断。一个企业，如果当前的盈利状况良好，但根据分析和判断，未来的盈利能力较差，那将不可避免地影响公司利益相关者的决策，也会影响企业的当前经营，对筹资的影响更为明显。如果一个企业的未来前景欠佳，那么筹资必然会比较困难。

2. 企业获利能力分析（营利性评价）

获利能力分析不仅要看绝对数，还要看相对数，不仅要看目前的情况，还要比较过去和预测未来，找到成本费用增减变动的原因和利润增长的原因。

（三）企业财务分析的程序

财务报表的分析需要有一套较为完整有效的方法与步骤。运用一套合理的信息分析程序对于合理开发和利用财务信息是相当重要的。

（1）明确分析目标。财务报表分析的目标不同，财务报表分析所需要的资料及采用的分析方法也有所不同。比如，为考核企业管理当局的业绩水平和预测企业未来收益所需的资料和方法是截然不同的；而为高层管理当局和低层人员提供财务报表分析所需的资料和方法也是不同的。

（2）制订分析计划。在确定财务报表分析目标以后就要制订财务报表分析计划。分析计划包括分析范围、资料来源、收集方法、分析方法等。财务分析工作应按计划进行，但在实际分析过程中可以根据具体情况进行修改与补充。

（3）收集分析所需的相关资料。为了全面分析企业财务活动，正确评价企业的经营绩效，应完整地、合理地收集、整理分析资料。

（4）核实分析资料，得出分析结论。收集、整理分析资料后，还必须对分析资料进行认真检查与核实，应用适当的方法对财务数据进行评估。一方面，数据和资料误差是不可避免的；另一方面，我国现阶段财务数据造假行为的盛行造成了财务数据和资料的不真实。核实所收集的数据资料后，联系企业的经营环境，根据分析目标得出财务报表分析的结论。

（5）评价分析结论，提出管理建议。根据财务分析的结论结合本企业的特点和历年状况，解释形成现状的原因，揭示经营成绩和失误；实事求是地评价过去，科学地预测未来，提出合理化建议，形成财务分析报告供需要者决策时参考。

（四）企业财务分析的方法

财务分析主要依据的是企业的会计核算资料，其中财务报表是最主要的。不同财务分析主体的目标不同，企业资本构成不同，所以在进行财务分析时，也存在不同的应对方法，具体包括以下几种。

1. 定量分析法与定性分析法

定量分析法就是对财务资料采用数理与统计的方式和方法进行计算，以此寻求各要素在数量上对企业发展与运营的影响程度。财务报表的特性，决定了定量分析法在进行财务报表分析过程中的重要性。定性分析法是对于一些在财务分析中量化的数据难以获取或难以计算时，所采取的一种分析方法。通过此方法找出对财务的关键影响因子。

一般来说，定性分析法主要包括因素分析法、比较分析法、指标分解法等。需要注意的是，定性和定量的划分并没有绝对的界限。在进行企业财务分析时既要研究其质的变化，又要研究其量的变化。因此，通常结合运用定性分析方法与定量分析方法。

2. 比率分析法

比率分析法，是指在财务报表中选取相关的几项数值，进行比重、比例的分析和论证，以此分析企业的财务状况。比率分析法既包括相关比率，也包括结构比率。利用结构比率所进行的分析，有时也称为结构分析法。

3. 比较分析法

第一，在运用比较分析法时，必须强调指标之间的可比性，即指标间的计算口径、时间宽容度、计算方法等各方面应保持一致。计算口径一致，是指实际财务指标所包含的内容、范围要与标准指标保持一致。比如，财务数据大多是以货币计量的，这就必然受不同地区价格的影响，不同地区的价格水平不同，财务数据的可比性差，同样地，价格水平的波动也会削弱同一企业在不同时期数据的可比性。所谓时间宽容度一致，是指实际财务指标的计算期限要与标准指标保持一致，如果实际指标是年度指标，那么，标准指标也应是年度指标。所谓计算方法一致，是指实际财务指标的计算程序以及在计算过程中考虑的影响指标的各项因素与标准指标均保持一致。同一经济业务，不同的会计处理、计价方法会导致数据不可比。比如，固定资产的折旧方法的不同，必然导致企业资产价值、成本费用大小和利润高低的不同。再如，存货计价有加权平均法、先进先出法等多种方法可供选择，不同的计价方法会产生不同的存货价值和不同的利润。如果存在不可比的情况，应进行调整计算，剔除不可比因素后，再进行对比。只有指标可比，比较的结果才有现实意义，才能说明实际问题。

第二，例外分析原则，即比较分析时需要突出经营管理上的重大特殊问题，分析的项目应符合分析的目的；注意一些重大事项和环境因素对各期财务数据的影响。

二、企业财务分析的目的

财务分析着眼于人们对财务信息的需求。财务的数据与信息众多，其分析角度也不尽相同，由于不同的人群和不同的利益主体对财务信息的关注点各有不同，所以财务分析的最终目的也各有所异。财务信息的主要使用者有债权人、管理层、政府相关部门等。下文主要分析不同的人群对财务分析的目的。

（一）债权人财务分析的目的

债权人按照借款给企业方式的不同可以分为贸易债权人和非贸易债权人。

贸易债权人向企业出售商品或者提供服务的同时也为企业提供了商业信用。按照商业惯例，这种商业信用都是短期的，通常在 30～60 天，在信用期限内企业应当向债权人付款。有时为了鼓励客户尽早付款，贸易债权人也会提供一定的现金折扣，如果客户在折扣期限内付款，可以享受现金折扣。大多数的商业信用都不需要支付利息，因此，对于企业来说，这是一种成本极低的筹资方式。非贸易债权人向企业提供筹资服务，可以直接与企业签订借款合同将资金贷给企业，也可以通过购买企业发行的债券将资金借给企业。非贸易债权人与企业之间有正式的债务契约，明确约定还本付息的时间与方式，这种筹资方式可以是短期的，也可以是长期的。

企业的债权人，给予企业资金的供给是他既定的义务；与此同时，债权人可以通过企业的盈利而获得毛利或者分红。尽管报酬只能被限定为固定的利率或者利息，但是在企业运行期发生亏损或者不可抗力的困难时，很可能不具备偿付能力，那么债权人也就无法得到预期的利润回报，甚至老本亏空。也正是这种不确定的风险与固定的期望回报之特征，决定了贷款的可靠性与安全性。这也是财务分析必要性的真正原因。

债务人固定资产或者现金流量的稳定性与可靠性是债权人关注的焦点。在进行财务分析时，债权人对债务企业未来的预期更为稳健，要求债务企业的管理层对未来的预期与企业现有资源具有确切的联系，同时有足够的能力实现预期。债权人的分析集中于评价企业控制现金流量的能力和在多变的经济环境下保持稳定的财务基础的能力。

对于不同形式的债务，债权人所关注的焦点也不尽相同，进而对财务分析的侧重点也不同。短期贷款，由于期限相对较短，所以债权人所关注的是企业目前的财务情况、短期资产的负债率及流动资金与速动资金的周转速度。对于长期债务，时间较长，债权人主要关注的是企业在未来财务中现金流量和整体的盈利能力。另外以持续经营的角度来分析，盈利能力是企业举债能力基础，还决定了企业信用程度。除此之外，企业自身的资本构成也决定了企业财务抗风险能力的大小。

（二）股权投资者财务分析的目的

股票持有者将资金注入企业后，就成了企业的所有者，也被称作为股份公司的内在股东。他们可以享受企业的剩余利润。也就是说，企业给企业债权人和优先股股东分配利益以后才能给普通股股东分配。在持续经营情况下，企业只有在支付完债务利息和优先股股利后，才能给股权投资者分配利润；在企业清算时，企业在偿付债权人和优先股股东后，才能将剩余财产偿付给股权投资者。在企业效益较好或者整体经营向上发展的时候，股权投资者可以获得比优先股更多的权益，但是在企业衰败的时候，股权投资者对于风险损失的承担是首当其冲的。这就要求股权投资者在投资的时候要根据预期的风险选择合适的财务分析来权衡。

股权投资者在对企业财务进行分析时，要重点分析企业的盈利能力和抵抗风险能力。企业价值是企业未来的预期收益以适当的折现率进行折现的现值。企业未来的预期收益取决于盈利能力，而折现率受风险大小的影响，风险越大，折现率应当越高。由此可见，股权投资者的财务分析内容更加全面，包括对企业的盈利能力、资产管理水平、财务风险、竞争能力、发展前景等方面的分析与评价。

（三）企业管理层财务分析的目的

企业的高级管理者或者企业经理是企业经济运行的主要领导者和引导者，他们代表公司或者企业法人进行各项管理，如在企业财务出现危机的时候，他们可以通过财务分析来具体了解和掌握财务的实际状况，并采取对症的措施和方法进行纠偏。他们由于能够经常地、不受限制地获取会计信息，因此能够更加全面和系统地进行财务分析。管理层不是孤立地看待某一事件，而是系统地分析产生这一事件的原因和结果之间的联系，利用财务分析对企业在未来可能出现的突发状况进行预判和预警，还可以提前采取相应的措施避免状况的发生。

第二节 企业财务能力分析

一、企业的股东权益报酬率

股东权益报酬率（Return on Equity，ROE）也称净资产收益率或所有者权益报酬率，是反映企业一定时期内净利润和股东权益平均总额比率关系的一个指标。

在对企业盈利能力进行评价时就会采用到股东权益报酬率这个指标，它是体现企业股东能够获得的投资报酬的一个指标。企业具有的股东权益报酬率越高，表示其获利能力也越高。

股东权益平均总额是用账面价值而不是市场价值计算的。在正常情况下，股份公司的股东权益市场价值都会高于其账面价值，因此，以股东权益的市场价值计算的股东权益报酬率可能会远低于净资产收益率。

企业的资产净利率和权益乘数是影响股东权益报酬率的两个重要指标，为此可以采用两种方式来提升股东权益报酬率：一是可以在确保财务杠杆一致的条件下，对收支进行调节，从而使得资产利用效率最大化，以提高资产净利率的方式来提升股东权益报酬率；二是当资产利润率比负债利息率高时，可以将权益乘数予以扩大，从而使得财务杠杆提高，这样也能使股东权益报酬率有所提高。

二、企业的每股净资产

每股净资产也称每股账面价值，等于股东权益总额除以股本总股数。

严格来讲，每股净资产并不是衡量公司盈利能力的指标，但它受公司盈利的影响。如果公司利润较高，每股净资产就会随之增长得较快。从这个角度来看，该指标与公司盈利能力有密切联系。投资者可以比较分析公司历年的每股净资产的变动趋势，来了解公司的发展趋势和盈利状况。

三、企业的市盈率与市净率

市盈率和市净率是通过企业盈利能力来评估的两个市场估值指标。在进行企业盈利能力分析时不能直接采用这两个指标，它们主要是在分析盈利能力的前提下进行公司股票价值评估的一个工具。分析市盈率和市净率可以帮助企业对股票市场定价的合适性进行判断，有利于投资者进行投资活动决策。

（1）市盈率反映价格盈余比率和价值与收益间的比率。它用于对企业的市场价值和盈利能力的比率进行反映，从投资者的角度看，这一利率也是非常重要的，并常作为投资决策的依据。当然资本市场上的市盈率并不是标准的，需要从特定的行业特征和企业盈利趋势来进行分析。通常情况下，市盈率高就证明投资者对企业未来的发展前景比较认可，这也代表企业具有较好的成长性。不过需要特别注意的是，若是股票的市盈率太高，也需要防范投资风险过高。

（2）市净率反映普通股每股股价和每股净资产间的比率。它是对公司股票的市场价值和账面价值关系进行体现的一个指标。市净率越高，证明股票具有越高的市场价值。通常来说，市净率较高的企业具有较强的盈利能力，也有较好的资产质量；反之，则说明公司的发展前景较差。在确保资本市场是有效的情况下，公司股票的市净率低于 1 就代表公司的未来发展前景不是很理想。

第三节　企业财务的管理技术

一、交易处理

信息时代企业财务交易处理的特征是服务共享和利益共享。财务部门大部分的工作集中在历史交易数据的处理上，少部分的时间用在预测未来和提高企业的应变能力上。在信息化时代，财务部门大部分的时间用在分析和参与决策上，这些都是面向未来的。而且财务作为后台部门，在支持前台部门（产品组合设计、战略决策、供应链管理、顾客关系管理、营销）决策上力度不够等现象也会得到根本解决。而且，信息时代的财务管理不再仅关注财务指标，而会更关注顾客资本、价值链的优化和流程再造、人力资本，更强调实物期权，而不是传统的现金。

在线交易处理使应付账款、应收账款和存货等交易环节得到完美的整合，能提供实时的在线报告。其关键在于供应商、顾客、合作伙伴和银行的企业资源计划（Enterprise Resource Planning，ERP）系统要兼容，流程无缝衔接，所以交易相关者需要共享全面服务解决方案，共享虚拟的后台办公室，所以说相互之间相互依赖和相互信任是其中最关键的因素。而且全面服务解决方案的投入较大，需要有足够的收益才能使之有吸引力。另外，企业是否有强大的流程再造能力和员工是否抵制也是重要的影响因素。

通过在线交易处理，企业财务部门在采购、客户发票、应付账款、应收账款和总账等方面由于大幅提高效率，可以节约30%～60%的成本。而且由于财务部门的员工处理交易的时间减少，所以员工有足够的时间参与前台的决策和分析活动。同时例行工作的减少，使员工有更多的时间和精力去思考和解决财务部门创造价值的活动，还会使财务部门和后台的其他部门以及前台的部门联系得更加紧密。

常用的四种共享服务运作模式包括：区域性后台办公室模式、分离的前台办公室和后台办公室、一体化的前台办公室和后台办公室、虚拟型共享服务中心。在共享服务运作模式中，财务部门只和企业的战略事业单元关联，提供服务支持或相关人员自己在数据库查找相关信息来自助服务；前台和后台成为完全自动化的超级共享中心（ssc）；不存在固定的工作场所和工作人员的虚拟后台办公室。少量的固定员工都是受过多岗位轮训的"知识工人"，能够自己学习，有较强的沟通和协调能力，参与多个跨功能团队。不同的模式，其他部门员工的资助服务程度不同，企业在行业价值链所处的地位也不同，风险也不同，对硬件和 ERP 系统的要求也不同。

二、虚拟司库

司库主要管理企业的内外部结算、现金流、营运资金和相关的风险。在信息化时代，通过使用 ERP 系统、网上结算功能和与银行的全方位对接，企业的司库部门未来会虚拟化，没有固定的工作场所和固定的工作人员，甚至全部司库功能外包给银行。许多集团公司都设置财务公司，但很少去思考这些结算、现金管理等活动完全可以外包，企业需要权衡外包的风险和收益。

三、在线决策

支持企业的财务部门在信息化时代有非常庞大的信息，但是财务部门的员工缺乏必要的分析工具和分析技巧，有时财务部门的数据无助于发现存在的问题，更不用说提供答案。决策依赖于事实和员工的直觉、经验和理解能力。财务部门要提供有关事实的数据和信息，特别是对未来的预测信息，如销售预测和原材料价格变动预测。财务部门在进行这些预测时，需要和市场部、采购部以及企业外部的有关人士组成临时的跨功能团队进行仔细的分析，并运用情景分析法，分析在最好的情形、最坏的情形和最可能的情形这三种情况下，企业的投资、资金需求和人员需求等的规模和时间等，以及如果发生不利的情况，企业如何进行应急或危机管理。另外，财务部门要收集和分析行业最佳企业和行业最佳实践，并用这些知识培训本部门和其他部门的员工。

未来，财务部门需要用其他的整合分析方法收集、分析、综合与企业价值创造有关的信息。如运用平衡计分卡工具整合分析财务、顾客、内部流程和员工学习与成长能力四个方面的综合情况，并据此分析企业未来的盈利潜力。如财务部门和市场部门可以使用 ERP 系统分析单个顾客的盈利能力，分析出哪些顾客未来较具成长性，需要重点关注。而且这些跨部门合作的经验应该积累和整理成详细的操作手册，这样其他部门和本部门的员工也可以用这些知识去解决具体的问题和做出有依据的决策。这种整合的分析方法有助于提高不同部门对经营业务的深刻认知，而且相互之间能够理解、配合，一旦环境或企业内部条件发生变化，可以及时调整或更换操作手册或决策方法，不同部门易于自我调整，很快适应变化。

如今许多企业的 ERP 系统可以自动预警来提示这种变化。建议企业整合分析模型根据平衡计分卡的框架构建，使整合分析模型既具有战略功能，又具有协调沟通功能及激励功能。同时，把战略和日常运营有效结合，使宏观的战略、目标和底层的交易细节有机地衔接。对财务部门而言，参与决策重要的是提供问题的系统解决方案，这样才能为企业和相关利益者创造价值。

第四节　企业的财务共享服务

财务共享是通过将集团企业分散在不同区域中的运营单元进行标准化和规范化的财务业务实现再造和再标准化的处理，并将这些内容集中到企业中相对独立的财务共享中心，展开包括整理和分析等在内的处理。

一、财务共享的背景

1. 财务共享服务的认知

共享服务属于商业经营模式的一种，是建立在顾客中心论的基础上的，并加收一定的共享服务收费而形成的一种商业模式。这也就表明，它是针对特定的顾客群所开展的。公司进行共享服务产品的开发和设计时要依据特定客户的实际需求和价格要求来进行。

采取共享服务模式的企业管理层会整合各个业务单元的同类业务，为建立相对独立的共享服务中心创造条件。共享服务中心基于远程手段如电话、邮递、ERP 系统以及网络等来服务于企业内的每一个业务单位，为其提供相应的服务并收取一定的服务费用。企业的内部客户可以减免设立业务支持部门的工作，提高工作效率。共享服务中心既可以为企业内部的业务单位提供财务和人力资源信息技术服务，也可以提供相应的市场营销、采购、研发以及法律咨询等服务。而且在通信技术不断发展的前提下，企业 ERP 的整合程度将不断提升，其服务范围甚至会扩展到全国、全区域乃至全球。

在共享服务范畴中最普遍和最典型的方式就是财务共享服务模式，它是组成共享服务模式不可或缺的一个有机部分。它是由财务部门发起的，是对企业财务管理流程进行再造而形成的。世界上的第一个财务共享服务中心是在 20 世纪 80 年代初建立的。

2. 财务共享服务的特征

尽管企业应用财务共享服务的方式存在差异，但其特点通过归纳总结主要有以下几个方面。

（1）作业标准化。对于任何一家企业来说，在应用财务共享服务模式方面的最基本的诉求就是利用流程管理来实现两个方面的目标：首先，在实现作业标准化、规范化的同时，实现强化内控并创造价值；其次，针对原本分散的非标准化的相关方面的业务流程，建立统一的操作模式以及执行统一的标准。作业标准化为财务共享服务中心的稳定运作奠定了基础。

（2）规模效应。财务共享服务模式受到诸多大型企业的热捧是因为企业财务交易处理量随着企业规模的扩大，而达到了一个巨大的规模，这时，企业通过对以前协调性较差的相关业务活动的合并，来形成规模经济，这一手段是企业降低成本的重要前提。

（3）技术依赖。财务共享服务中心的日常运营有赖于具有高度集成和高效运转两方面特征的相关系统和工具，即软件系统和远程电子通信工具，通过这种系统和工具可以实现远距离服务取代面对面服务，为全球各区域的业务单位提供方便，同时，还可以帮助企业更为及时地接收到各方面、各个层次和维度的支持服务。一般情况下，财务共享服务中心在运营过程中将会使用到的高科技技术主要包括电话语音系统、文件处理系统，以及企业 ERP 系统等。

（4）服务导向。财务共享服务中心一是以顾客需求为导向；二是以提高客户满意度为宗旨。另外，财务共享服务中心的服务内容，是面向顾客提供一种专业化服务，并且这种服务具有高质量、高效率两个方面的特征。这种服务主要包括交易处理、信息披露，以及管理支持和财务数据产品等方面的服务。财务共享服务中心除了可以做到在市场上有价提供服务之外，还可以为外部客户提供服务。

（5）市场机制。一个相对成熟的财务共享服务中心所采用的运营方式多为市场机制的独立运营方式，并且以商业模式来进行计价收费。同时，财务共享服务中心还有可能会通过引入外部服务供应商的竞争机制的方式，由内部客户选择服务方，不仅可以提高财务共享服务中心所提供的相关业务的服务效率，还可以使它的服务质量得到大幅度提高。事实上，财务共享服务中心与内外部客户之间的服务关系，主要是通过签订服务水平协议界定的方式确定的，其中，不仅对服务内容、时间期限有着明确的标注，还对质量标准、服务前提等方面有着清晰的界定。

（6）专业分工。财务共享服务中心为客户提供的具有专业化特征的财务共享服务，是以服务内容为依据，根据其所需专业知识和技能的不同，来展开细化内部职责分工的。

3. 财务共享服务的发展趋势

我国的财务共享服务起步较晚，成熟度不高，发展趋势还有待观察研究。财务共享服务中心的建立成功与否的关键之处就在于人才管理。建立财务共享服务中心，或者是对财务管理进行外包，本身就是对企业财务组织展开的一种重大变革。在这种变革下，财务人员的专业化分工更为明显，对财务团队产生了巨大的影响，员工转岗安置和流失成为必然。在我国，共享服务的拓展与提升趋势更为显著。人才管理是保证共享服务成功运作的首要任务之一，大部分的企业认为吸引并保留优秀人才非常重要。由此可见，财务共享服务中心的人员管理问题已经广泛受到企业关注，它们致力于优秀财务人员的招募培养与职业成长。

财务共享服务是一种变革和创新，不应当拘泥于某一种具体形式，其角色定位为会计工厂、管控中心或其他，取决于实际运作模式承担的具体职责以及发挥的实质作用，脱离实际、有偏差的定位很可能严重阻碍财务共享服务模式的健康发展，影响财务转型的成效。因此，构建成功的财务共享服务模式，人才因素是关键，也是挑战，人才的培养应当提升到企业战略的高度，予以高度重视。

二、财务共享服务的框架

(一) 财务共享服务的管理框架

服务管理是共享服务模式可以与简单财务集中区别开来的关键之处，是财务共享服务中心与服务对象之间新型组织关系的维系纽带。服务管理框架包含两大主题，即服务水平协议以及客户服务管理。服务水平协议主要包括财务共享服务中心的相关服务范围、各岗位职责分工，以及服务评价指标和计价机制等诸多方面。客户服务管理主要涵盖客户服务管理机制、客户服务事项与沟通方式和客户满意度等方面。

1. 服务水平协议

财务共享服务中心服务管理的一个重要组成部分就是服务水平协议。它主要包括以下四项内容：一是服务范围，即对具体服务项目进行界定；二是职责分工，即对服务对象和共享服务中心需要分别承担的责任进行界定；三是服务水平指标，这主要是对服务水平进行评价和度量的指标，它是基于客户需求进行的，并要完成一定的服务水平目标；四是服务水平标准。对服务对象的确定也是财务共享服务中心的首要工作，基于此再分析和确定服务范围、服务水平指标和服务水平标准，从而形成一致意见。

（1）服务对象。财务共享服务中心针对的服务对象主要分为以下几类：一是公司的内部相关部门和人员等；二是公司内的财务部门以及财务人员等；三是有关的供应商、代理人以及代理机构等。

（2）服务范围。这是指财务共享服务中心承诺的将会为服务对象提供的服务内容等。

（3）职责分工。财务共享服务中心的职责包括：首先按照服务范围规定的服务内容提供服务；其次保存和维护服务对象所提供的数据和文档；再次是对服务对象的疑惑和问题进行解答，确保以最低的成本提供最优质的服务，并不断地完善服务质量。

（4）服务水平评价。首先，服务水平度量指标需要遵循一定的设计要求，即满足可衡量、可落实、可实现、可明确以及在一定时间内能够完成的原则。其次，在设定服务水平度量标准时要遵循两个原则：一是要保证其提供的服务质量和水平能够达到当地财务的工作效率和质量要求；二是要从成本节约、效率提升的层次上进行各种相关、相斥因素的度量等。

（5）服务水平报告。财务共享服务中心服务水平报告主要包括以下几个方面的内容：反映服务水平协议间指标结果的确认，分析对比实际指标结果和预期结果，体现出时间变化造成的绩效变化趋势，合理科学地解释指标和预期产生差距的原因，提出有效的改进完善计划，并对共享服务中心可以采取的在线形式进行确认等，并通过自主提取的方式发送报告给相关人员（用户还可以提供服务水平协议内容、版本查询、服务问题日志、客户满意度调查、结果查询等），利用实施的商务智能系统，借助驾驶舱、仪表盘等形式，在线动态展现汇总的关键服务水平指标及其变动情况。

2. 客户服务管理机制

客户服务主要包括收集和处理服务对象的信息查询、投诉和建议，对客户满意度进行调查等。财务共享服务中心需要建立完备的客户服务管理机制。

（1）客户服务管理基本方式。

第一，财务共享服务中心规范沟通渠道、统一沟通流程，发布联系方式和沟通流程，帮助需要与财务共享服务中心进行沟通的服务对象方便快捷地找到财务共享服务中心内对应的业务负责人。

第二，按关键事项安排专人负责与服务对象沟通，为服务对象提供及时、准确、有效的信息查询服务。

第三，设置专岗或专人负责记录由于服务延迟、操作错误、服务态度较差等造成的投诉，负责记录客户提出的针对服务质量、流程等方面的改进建议，负责定期对客户满意度进行调查，并对调查结果进行分析，针对不足提出改进建议并推动改进落实。通过与各层级客户服务管理人员沟通，对服务水平、客户满意度等进行评定和管理。

（2）客户服务管理沟通层。客户服务管理沟通是指财务共享服务中心与服务对象之间定期、有针对性地讨论和交流，包括以下三个层面。

第一，管理委员会议。主要负责审阅财务共享服务中心的相关服务水平与组织绩效报告，并调整下一年度服务水平与组织绩效指标目标，对财务共享服务中心预算完成与成本发生情况进行讨论，对已发生重大事故或问题的后续处理做出指示，审阅并批准服务范围、服务对象、服务管理框架下的各种事项，包括各项制度、标准的修改等。

第二，服务管理例会。主要评价财务共享服务中心服务水平是否达标，审核财务共享服务中心提出来的变更需求，并提交服务管理委员会批准。另外，还负责审核财务共享服务中心服务管理框架下各项制度、标准的调整方案（如服务水平协议、绩效报告指标等），审核持续优化措施和实施方案，监督正在实施的各类变更或业务改进，推动未决事项，确保进度。

第三，日常业务沟通。它是伴随日常业务处理随时发生，服务对象业务部门人员与财务共享服务中心展开的业务沟通。财务共享服务中心负责提高日常沟通效率，为服务水平与绩效提升提供改进建议，就财务共享服务中心或服务对象内部发生的相关变化进行日常沟通。

（3）客户满意度管理。财务共享服务中心通过满意度调查收集客户对财务共享服务中心的改进需求，并定期发布客户满意度调查报告。调查报告主要包括的内容有满意度调查指标，所接受服务水平协议的相关完成满意程度，对相关财务共享服务中心的改进建议等，最终做出客户满意度报告，来对调查整体结果进行分析及对比，并提出相关改进建议。

（二）管控服务型财务共享中心

管控服务型财务共享中心是一个基于 ERP 系统建立起来的业务、财务的数据存储以及相关信息处理中心。相较于以费控为主的一般财务共享中心，管控服务型财务共享中心更加强调业务、财务一体化。其工作流程不再以报账为起点。实际上，管控服务型财务共享中心以业务为驱动，并且将管控前移。企业通过对制度以及流程的梳理，规范了从业务到财务，包括资金中心、税务中心、财务共享中心在内的标准化的作业流程。企业依据真实业务数据反映其实际经营情况，达到业务与财务的高效协同，有助于业务部门与财务部门明确权责，规范业务过程，规避运营风险，真正做到了在一个平台上实现业务、财务融合。

除了 ERP 系统之外，管控服务型财务共享中心的建设还有赖于五大平台的运作与实施。五大平台与企业内部 ERP 系统无缝集成，帮助企业构建完整的管控服务型财务共享中心的整体框架，有助于企业精简运营和管理，真正实现财务业务的信息化落地。在五大平台中，运营支撑平台主要对财务共享中心的业务开展和运营进行基础信息管理，包括共享中心的定义、作业规则管理及共享中心服务参数定义等；运营管理平台支持对作业任务的质量管理、绩效管理及对员工和组织运营 KPI 指标实时分析的绩效看板等；业务操作平台实现工作池分配任务、业务单据及凭证的审核审批、资金支付、实物及电子档案管理等；利用网上报账平台、业务操作平台以及资金结算三大平台系统，实现完整的从费用申请到生成凭证，再到结算完成的全过程管理。通过这套完整的总体框架，能够提升企业财务业务的处理效率及质量，创新财务管理模式，充分发挥财务共享服务对基础财务核算业务的监控和指导作用，提升企业财务业务管理水平。

企业资源计划系统建立在信息技术的基础上，并且集信息技术与先进管理思想两方面内容于一身，同时，还是建设管控服务型财务共享中心的核心手段。企业 ERP 的出发点是系统化的管理思想，ERP 管理平台是为员工及管理层提供决策的一种手段，它实现了企业内部资源和企业相关外部资源的整合，通过软件和平台把企业的各个组成部分与环节紧密地连接起来，主要包括人、财、物、产、供、销，以及物流、信息流、资金流等，最终实现资源优化和共享。

管控服务型财务共享中心 ERP 系统的作用包括：首先，它打破了传统企业边界，对企业资源从供应链范围的角度入手展开优化；其次，通过 ERP 系统可以获得市场对企业在合理调配资源方面的要求；最后，ERP 系统不仅在改善企业业务流程方面有着重要的作用，还在提高企业核心竞争力方面有着极为重要的作用。

现阶段企业的 ERP 系统主要由财务核算、资金管理、供应链管理、生产制造管理等方面构成。

（1）财务核算。公司财务核算工作需要适应企业生产规模的发展，需要科学、有效地管理事业部，需要及时的服务决策，提高企业的竞争能力等，通过分析管理需求，能够形成完整的财务核算体系。

（2）资金管理。资金管理包括的主要内容有基础数据、账户管理，以及资金结算、内外借贷、票据管理等，可以将资金集中管控思想有机融合在各个业务处理的流程和环节中，实现对整个集团多方面的管理。

（3）供应链管理。供应链管理是计划、组织和控制，从最初原材料到最终产品，再到消费者的整个业务流程，将从供应商到顾客的所有企业连接了起来。以浪潮 GS 为例，其供应链管理系统基于"客户导向、协同集中"的核心理念，为企业提供一个基于网络的稳定的、开放的、先进的系统。

（4）生产制造管理。生产制造管理为企业提供全面的生产计划，在企业的生产管理过程中，一个细致有序的车间管理，再加上快捷简便的成本核算系统，可以起到重要的理顺生产管理的作用。ERP 系统把物流、供应链、人力资源等事务和资金流有机地结合起来，形成先进的财务管理信息系统，除了是一个大规模的集成模块之外，还是一个高级的集成模块。

管控服务型财务共享中心所提倡的速度、信息、透明等理念正是 ERP 系统的核心优势，共享中心需要以 ERP 系统为基础，并依托这一系统使会计基础核算、工资核算及收支核算等日常业务独立开来，并以此来建设自身。在没有财务共享中心之前，ERP 系统直接与外部环境联系，在标准化和规范化的流程处理方面，是较为缺乏的，不仅容易导致内部工作重复的状况，还容易引起组织结构混乱等状况。

建立管控服务型财务共享中心之后，可以利用其信息化平台，以互联网及云计算平台作为数据传输渠道，主要目的包括：第一，重新部署数据库服务器；第二，开发现有系统平台，重新确定组织机构，重新确定岗位任务；第三，落实那些可以提高财务流程效率的相关措施，使得资产和资金安全性的转变措施得以提高。在财务服务方面，管控服务型财务共享中心能够优化 ERP 系统中最关键的财务子系统的工作模式，体现共享的功能。共享中心可以抽取出 ERP 系统中的财务管理模块，进入共享中心核算，由其管理各个子系统中的一切与费用相关的业务，组成一个相对封闭的环境，并且按照一定的流程来进行报账登账，这一流程简单来讲就是"提交—审计—复核—生成凭证"，从事后核算逐渐转移到事中控制、决策职能，以及数据挖掘。

共享中心首先是对传统财务会计工作方式的一种颠覆；其次，建立了一种类似流水线的运作过程；最后，共享服务借助精细化的专业分工、发达的信息技术以及标准化的流程，将"服务"转变为从事相关财务业务的定位。另外，共享中心还可以将 ERP 系统中的多个环节集中起来。在建立专门数据库的同时，方便核算和控制，最终，实现整个共享服务中心的性能的提高。

（三）财务共享中心的优势

在 ERP 系统的基础上，企业通过推行财务共享中心建设，使内部的财务管理活动逐渐全方位渗透到业务活动，不仅增强了财务的响应能力，还增强了支撑市场的能力。这对于加快推进业务财务一体化，实现数据标准化、流程统一化产生了重大影响。同时，基于 ERP 系统的共享中心的建设也促进了财务共享的组织变革,不断提升企业核算的标准化、集约化管理质量,提高财务管理水平,加强对风险的管控能力,实现资源的最优化配置等。

同时,融合了 ERP 系统的财务共享中心将会促使企业内部财务管理工作与一些低附加值的业务操作相分离。财务人员的工作逐渐由日常核算转变为财务管理;由应对数据处理逐渐转变为强化数据预测;财务人员将会拥有参与市场营销、产品设计,以及投资计划和管理决策等诸多活动的机会,财务人员直接参与管理决策。

另外,管控服务型财务共享中心在 ERP 系统的基础上,还能够集中整个企业的人力资源、技术和流程:一方面,对整个财务部门的组织机构、人员的相关工作岗位重新进行调整;另一方面,将大量具有同质性、事务性特征的交易和任务集中到共享中心。整个企业资源的集中,有助于对财务记录和报告展开集中化、标准化以及流程化处理,有助于打破传统的财务组织管理模式,最终,使管控服务型财务共享中心的集中控制以及统一核算得以实现。

三、企业财务共享服务平台的构建

(一)企业财务共享服务平台构建的意义

对于现代企业而言,更新传统的管理体制,建立互联网信息技术的管理制度是新的时代发展方向,财务共享观念由此诞生。财务共享理念在提高企业工作效率、明确企业发展制度、统一管理体系方面具有重要优势。财务共享中心就是在企业内对不同业务进行集中,进而对其构建一个共同的半自主业务系统,在企业内有效实现企业内外之间竞争的共享和服务,为企业部门提供更有效的管理方式。

构建企业财务共享服务平台就是改变企业原本单一的财务管理模式,而选择使用一个更加广泛的财务管理平台。这个平台主要是利用互联网信息技术构建的,将企业的财务数据输入平台之中,为企业提供更加准确的财务信息报告,大数据信息技术在数据信息处理方面的优势是不可比拟的,进而有助于提高企业财务管理工作效率,降低企业财务管理的风险,促进企业财务实现利益最大化。另外,构建企业财务共享服务平台具有重要的意义:一是企业财务共享服务平台具备基本的财务操作能力,能够有效提高企业财务管理的工作效率;二是企业财务共享服务平台根据企业发展的数据和企业的发展情况实现企业最优化管理，降低企业财务管理风险，实现经济利益最大化；三是企业财务共享服务平台能够有效弥补传统企业财务管理上的不足、数据分析上的不足，精确解读财务数据，进而为企业财务管理提供更好的解决方案，推动企业更好更快发展。

（二）企业财务共享服务平台构建的要点

1. 构建企业财务共享服务平台的服务理念

（1）将企业的服务理念融入财务共享服务平台之中。采用规范的企业财务管理理念、统一企业财务管理办法，梳理企业财务管理流程，这样能够有效提高企业财务管理工作效率，强化企业财务管理控制能力，推动企业制度的贯彻落实。

（2）注重企业财务共享服务平台工作人员素养。随着市场竞争力的不断提高，精细化管理成为企业发展的必由之路。调整企业财务工作人员配置，定期进行培训与考核，实行优胜劣汰的考核标准，将表现优异的工作人员调配到财务共享服务平台中，辞退专业素养较差的工作人员。这有助于提高企业财务共享服务平台工作人员的素质，促进企业财务人才培养，强化企业财务人才培养标准，进而为企业发展提供重要的人才支持。

（3）具备互联网思维。随着信息技术的不断发展，互联网信息技术逐渐成为人们生活中最不可缺少的存在，数据成为人们生活的重要痕迹。将互联网思维融入企业财务共享服务平台的构建之中，是促进企业发展的必要措施。数据是财务工作的主要依据，大数据技术与信息科技的融合促使数据处理变得简单，同时也提高了数据处理工作的精准度，进而提高企业财务管理水平。

2. 构建企业财务共享服务平台运行模式

企业财务工作主要有报账、核算、结算以及报销四个流程组成，因此，企业财务共享服务平台至少要具备报账服务、核算服务、结算服务以及报销维护工作四个方面的服务。

（1）报账服务。企业财务共享服务平台中要设有一个专门的报账中心，方便企业的各个部门进行报账工作，与企业的各台计算机联网，使相关人员能够直接在网络上完成报账工作。

（2）核算服务。企业财务共享服务平台直接将报账中心的相应数据进行核算处理，同时还对企业的一些财务信息进行处理，按照企业财务核算的相关流程进行核查工作，以免出现任何报错或者遗漏的部分。

（3）结算服务。企业财务共享服务平台直接将核算好的财务信息统一传到结算部门，然后根据企业的发展情况来进行收支的结算服务工作。结算是财务工作的一个重要环节，因此在结算的时候还需要注意企业发展的财务平衡，如果出现收支严重失衡的问题，还需要及时提醒。

（4）报销维护工作。企业财务共享服务平台的报销维护工作是企业财务工作的重要闭环工作，在保障企业财务共享服务平台正常运转方面具有重要的作用，同时也是促进企业财务工作顺利进展的有力支撑。

3. 企业财务共享服务平台的构建过程

（1）企业要对财务工作进行调整，成立专门的小组来负责企业财务工作。从企业财务工作的基本情况、财务共享服务平台的技术架构、财务共享服务平台的主要组成部分、相关规章制度的制定以及主要负责人等方面来进行基础构建前的设定，这也是构建企业财务共享服务平台前的准备工作，一个良好的计划是促进企业财务共享服务平台顺利建设的重要保障。

（2）随着时代的不断发展，企业财务管理模式也发生了一定的变化。这就要求相关工作人员要随着企业的发展来不断完善和更新。

（3）需要更新企业财务管理组织，完善企业财务管理机构。构建企业财务共享服务平台不能使用传统的财务办公模式，要根据企业财务共享服务平台的建设来调整财务办公模式，根据企业的财务职能来设置相应的管理机构，这样才能够更好地完善企业财务管理工作，提高企业财务管理水平。

（4）要全面提高企业财务人员的专业素养。定时定期对相关工作人员进行信息技术、财务管理方面的培训，邀请行业顶尖人才来企业做讲座，强化企业财务人员的相关素质，培养出既具备专业财务能力又具有良好的信息处理能力的人才，全面提高企业财务人员素质，进而推动企业财务管理现代化进程。

综上所述，构建企业财务共享服务平台是提高企业财务管理水平的重要举措，在提高财务工作效率、提高财务工作精准度、规避财务风险方面具有重要影响。

第六章　财务管理系统

第一节　财务管理的现状

一、国有企业财务管理现状

有些国有企业片面地追求扩大销售和生产的规模，重视的问题偏向增加企业的利润和企业的财务结果，并没有给予企业财务管理足够的重视。有些国有企业财务管理人员的观念已经倾向于财务不重要，但现代社会中的企业财务管理活动，尤其是财务决策分析已不局限于对财务信息进行简单的会计核算，而是提升到财务战略高度。当前，国有企业财务分析方法亟待改进，财务分析人员参与企业管理的意识不强，财务分析报告缺乏严谨性、有效性和针对性，严重脱离实际操作，缺乏将分析结果用于提高国有企业组织效率的能力。

（一）外部的风险较大

随着我国国际竞争力的不断增强以及"走出去"战略的实施，我国在国际上的影响力日益提升，逐渐成为在国际上享有重要地位的对外投资国。企业的跨国经营需要在复杂多变的国际经营环境中，在全球范围内进行生产资源的配置。这决定了国有企业进行跨国经营需要的财务管理活动，相较于国内的财务管理活动，有着明显的不同，其本身不仅存在着特殊性，还具有一定的规律性。同时，跨国经营在具体实践层面上也面临许多问题和困难，如面临诸多特殊的理财问题及现象，包括国有跨国企业在当地的理财环境、政治风险、外汇政策、汇兑风险、税收因素、通货膨胀风险及其他不确定性因素等。

（二）财务管理监督机制不健全

国有企业面临来自三个层面的监督：一是政府层面，包括税务、银行、工商部门的监督；二是社会层面，包括会计师事务所、社会公众等；三是国有企业内部，包括纪检监察部门、董事会、内部审计委员会等。三个层面的监督体系设置虽较为完备，但仍有一定的缺陷，如政府层面的监督有强制性但缺乏经常性；社会层面的监督缺乏强制性，约束力不足；企业自身的监督机构在企业内部地位较低，往往不能先于问题的发生而发现问题，具有滞后性。由此可见，由于国有企业内部、外部之间错综复杂的关系，三个层面的监督无法实现有效结合，更不能全方位监督国有企业的相关财务管理活动。目前，建立内部财务管理监督机制的国有企业并不多，或者监督制度一大堆，但是普遍存在执行不到位、监督制度变形等不合理现象。

（三）财务管理信息化的程度较低

信息技术的发展，决定了国有企业的财务管理活动必须快、准、全地掌握第一手信息资料，对其进行合理甄别，提炼出有用信息，进而做出合理的判断，有效防范企业的经营风险和财务风险。我国还有很多国有企业财务管理的信息化建设还停留在初级阶段，虽然有的大型国有企业的硬件设施和员工业务基础较好，但是能真正实现信息化整体建设，并且利用信息化为企业创造经济效益、提升组织效率，进而实现经济价值最大化的国有企业并不多。因此，在这种情况下，推进国有企业财务管理信息化建设进程更显紧迫。

（四）财务管理人员的综合素质较低

社会主义市场经济的日益完善，在实践中不断创新和发展的企业财务管理理论，要求国有企业的财务管理人员不仅要精通会计理论知识，熟悉企业财务管理活动，具备较强的信息收集能力，还要具备一定的判断能力、分析能力、综合决策能力等。而一些国有企业，特别是跨国国有企业的财务管理人员的整体素质不高，财务知识落后，还没有掌握现代财务管理知识，既缺乏掌握知识的主动性，又缺乏创新精神和创新能力，严重制约了企业财务管理活动适应市场经济发展的需要。伴随着社会经济活动的网络化，财务管理人员的风险意识淡薄，不能适应环境的变化，增加了企业的决策风险。

（五）财务管理制度存在风险

我国部分国有企业的财务管理，不能与社会主义市场经济的要求相适应，存在财务管理制度风险，具体体现在以下三个方面：一是国有资产管理不善，资产损失、浪费严重；二是财务管理制度体系不健全，造成了财务管理活动中的死角；三是财务管理职能弱化，管理、监督等职能都没有得到有效发挥。

二、民营企业财务管理现状

（一）融资难

在我国民营企业的财务管理现状中，制约民营企业发展比较突出的一个问题是融资难、担保难还依然存在，其主要有以下四个方面的原因：第一，民营企业的筹资渠道狭窄，筹资方式单一；第二，虽然国家有政策优惠向民营企业倾斜，但相关贷款担保机构和专门服务于企业贷款的金融中介机构数量不足；第三，前期货币紧缩政策使得民营企业的融资成本和融资门槛都被提高，使民营企业融资更为困难；第四，长久以来，民营企业内部缺乏健全的控制制度，且有严重的会计信息失真现象。

此外，民营企业还存在其他问题：第一，没有较高的信用等级；第二，没有健全的担保体系；第三，固定资产不足，同时也十分缺乏其他能用于担保的资产。

（二）家族化管理现象严重

我国的民营企业多为中小型企业，是创始人经历了多年发展和积累的成果，这导致我国多数民营企业内部的家族化管理现象十分严重。多数民营企业的经营者也扮演着管理者和投资者的身份，且管理存在两方面特征，即家族化和亲缘化，这意味着企业内部有着严重的领导者集权现象。

随着企业的发展与扩大，企业部门越来越多，企业创始人为加强对企业的控制，达到自身利益的最大化，安排自己人进入企业重要部门，但是，这一行为往往会导致企业内部产生矛盾，使得内部人员的凝聚力涣散，员工可能失去工作动力。同时，家族企业的创始人有可能对现代财务管理理念并不是十分熟悉，使得财务信息无法在企业的决策中发挥作用。可以说，民营企业中现代企业治理结构的缺失是这一现象产生的根本原因，企业内部没有清晰的产权关系，导致企业没有一个明确的财务管理主体，在企业内部职责划分方面不明晰；在财务管理方面较为混乱；在财务监控方面相对不严；在会计信息方面产生失真现象等问题。

（三）风险管理意识淡薄

民营企业的管理模式中，较为典型的是高度统一的所有权与经营权，企业的经营者直接等同于企业的所有者，这就造成企业领导集权现象严重，使得企业内部控制风险的意识淡薄、投资缺乏科学论证、责任制度不健全、缺乏有效的内部监督部门等。投资缺乏科学论证致使投资方向难以把握，投资失误也就在所难免，甚至使企业面临破产危险。

（四）运营风险、财务风险加大

市场经济环境的复杂变化使民营企业的运营风险、财务风险加大，特别是在我国加入 WTO（世界贸易组织）后，宏观经济环境和市场的影响因素越来越多，国内许多民营企业的国际竞争压力增大。我国的民营企业中大部分是中小型企业，金融危机给我国中小型企业，特别是民营企业的生存和发展带来了严峻考验，主要表现为企业成本上升、效益大幅下滑，加上民营企业自身抵抗风险能力有限，内外部危机的冲击将民营企业拖入财务困境的深渊。不容忽视的事实是，民营企业面临发展难题，尤其是企业财务制度不健全，没有建立起有效的财务风险预警机制，严重制约着民营企业的进一步发展。

（五）公司法人治理结构不规范

没有建立起规范的公司法人治理结构。民营企业多为家族控股企业，虽然企业中的某些负责人可以通过社会招聘来选用，但企业中掌握最上层决策权的一般还是企业创始人或其亲属。从传统家族制企业成功向现代公司制企业转型，使规范的公司法人治理结构起主导作用，是我国民营企业提升竞争力的关键所在。

三、企业财务管理的总体现状

（一）财务管理理念较为陈旧

就大多数企业而言，在生产经营的过程中，过于重视企业在生产和销售等方面的业绩，而导致经营者忽视对企业的管理，尤其是对财务部门的管理。

在这种企业管理环境下，企业的财务部门直属于企业的经营者，直接听命于经营者，不具备在财务数据中提取可支持企业决策的有价值信息的相关能力。传统企业的企业财务管理由于忽视无形资产，没有意识到无形资产对企业的决策意义，造成企业无法适应大数据时代下的发展运营。

（二）财务信息时效性较差

在我国企业中，尽管有很多企业已经开始实施网络化管理，但始终无法形成一定的规模，其原因除了网络化管理在我国起步较晚之外，还受当前企业财务部门现状的影响，即财务部门架构越来越复杂，财务管理流程越来越长。在这种情况下，信息难以实现共享，企业资源难以实现优化整合。实际上，企业内部的信息沟通还是以人工为主。就企业的需求来说，企业很少会设立专门的财务管理机构，往往将财务管理和会计核算融合，导致企业较为缺乏能够展开高层次财务管理的人才。而企业缺少高层次财务管理人才的弊端将随着企业规模的扩大而日益显露，将会进一步加剧企业对财务管理人员的需求。从供给层面来看，财务监管的缺失一方面会使财务队伍的整体素质下降；另一方面将导致财务管理人员的供给能力弱化。

（三）财务管理共享性较差

对于企业来说，要想使财务管理水平得到提升，建立起信息化的财务管理，首先，要建立一个高效的财务管理系统；其次，要采取一种行之有效的财务管理信息化方式；最后，要建立一个高效的财务信息反馈方式。目前，我国企业财务管理信息化的建设并不乐观，多数企业不仅不具备自主创新精神，而且在财务管理信息化软件的自主开发方面缺乏行动。企业内部还存在着信息不对称与不共享的情况，这一问题直接造成了企业财务管理的低效率。企业各个部门之间有时出于自身利益考虑，未进行及时沟通，造成企业内外部之间由于缺乏一个统一的信息标准，而造成信息不匹配，更由于信息数据没有得到及时传送，对企业的管理决策造成了极为不利的影响。

（四）财务决策的风险意识淡薄

大数据时代的到来，为企业带来了极大的挑战与风险，企业为了更好地发展，必须提高自身财务数据信息的处理、分析以及反馈水平。当企业对数据进行披露后，若这些披露的企业内外部信息有不对称、不充分等问题，将会为企业带来极大的运营风险。相应地，企业若是在管理的过程中，没能跟上大数据的发展步伐，没能及时应对变革，没能意识到财务信息管理不当，由此引发的风险必然会给企业的运营带来极大的危机。

（五）财务信息的质量不达标

尽管当前信息技术的发展为企业的发展带来了极大的机遇，但是，我国大多数企业仍然没有清楚地认识到财务管理信息化的重要性，没有整理和分析有价值的信息。还有一部分企业仍然无法实现对企业资产的有效管理，这是因为企业的财务管理基础薄弱，一方面，不具备集中管理的财务管理理念；另一方面，财务管理体制分散。企业的财务管理随着大数据时代的到来，面临着较大的挑战，企业财务管理水平受传统的财务管理方式及理念的影响而难以提升。

第二节　财务网络管理的框架

企业也可以将财务管理作为绩效管理的工具。因此，必须将平衡计分卡与其他管理工具相结合，构建财务网络管理框架。企业的竞争优势包括价值创造（价值管理、客户价值）和业务构成（产业价值链分析、产品组合管理），最终由关键竞争因素（定位、成本优势、时间优势和风险价值）支撑。因此，财务网络管理包括八个部分。

第一部分是价值管理，第二部分是客户价值。这两个部分的本质与平衡计分卡的第一个维度（财务维度）和第二个维度（客户维度）非常相似。价值管理是财务管理的目标，即企业价值的最大化，这也是财务管理的传统领域。

企业的财务管理部门应尽可能增加企业的现金流量，尽可能降低获取资金的成本，为企业的扩张和合并提供资金、控制风险。在信息时代，仅仅依靠客户提供企业全部现金的最终来源，这种财务数据是一个滞后的指标，它只能反映质量，因此财务网络管理仅仅关注资金是不够的。从因果关系来看，没有客户满意和客户忠诚，企业就不会得到利润和现金流，企业就没有价值，因此，提升客户价值可以提升企业价值，它们是同一枚硬币的两面。对客户价值的分析有助于提高财务管理水平。然而，满足客户价值并不是满足所有客户的价值。

仅有价值创造机制对企业财务网络管理来说是不够的，企业还需要有正确的盈利机制。盈利机制包括财务网络管理的第三部分产业价值链分析和第四部分产品组合管理。在信息化时代，许多企业用知识管理、客户关系管理、供应链管理和企业资源管理系统等工具和方法来进行企业管理，这些管理工具和方法对企业财务管理产生了较大的影响，但这些工具和方法能产生价值创造的基础是企业的盈利机制，只有这些工具并不能让企业建立和维持竞争优势。

第三部分是产业价值链分析。企业应该从产业价值链的角度对企业的所有业务进行详细而深入的调查。在产业价值链中，企业可以真正了解其价值创造过程以及利润和现金来源。以某企业为例，有两个因素制约其发展：一是规模小，历史短，企业业绩差，难以获得资金，无法应对网络效应的关键点；二是企业从事过多的非增值业务，例如快递称重、包装、运费计算。由于快递的尺寸不规范，每个机车的空间利用率和每天创造的单位机车价值都不高，针对这个问题，该企业推出了几种标准的便利袋。

第四部分是产品组合管理。每个企业的外部环境、企业历史、文化演变等，使得企业的产品组合不同。企业必须选择一个产品组合。一个企业仅仅建立竞争优势是不够的，还必须保持自己的竞争优势。要保持竞争优势，就必须在品牌、成本和时间等关键因素上占据主导地位。

第五部分是定位。例如，柯达的定位是世界上最大的胶卷公司，而不是世界上最大的影像公司。正是这种定位的错位，使柯达没有意识到"创新"的"创造性破坏"。

第六部分是成本优势。较低的成本可以使企业利润更多。成本的不同组成部分是相互制约的。

第七部分是时间优势。苹果（iPhone）系列总是把客户体验放在最重要的位置，而且总是率先推出产品，所以市场占有率不断上升，业绩越来越好。但时间优势并不是指越快越好。

第八部分是风险价值。企业需要注意风险对企业价值创造的影响。风险服务影响着所有企业的系统风险和特征企业的独特风险。与做出积极的预测相比，企业更有可能增加风险财务准备金。财务网络管理的总体规划仅提供特定的原则。企业过去的成功经验可能会成为企业未来发展的障碍。其他企业的成功经验不一定适用于本企业。随着信息时代的快速变化，企业需要通过验证来创造价值和建立竞争优势。

第三节　财务管理信息系统的构建

一、构建财务管理信息系统的意义

第一，提升企业决策管理水平与决策效率。现代社会中最重要的资源之一就是信息资源，只有掌握了更新和更全面的信息，才能迅速地抓住商机。企业经营决策中重要的信息源与基础就是财务管理信息系统，其反映的是企业经营的成果与财务状况，企业经营决策的重要依据包括真实、可靠的财务信息。管理者在财务管理信息系统中可以更加快捷、方便地了解企业的各种投融资活动效果以及企业发展现状，同时还应将系统提供的各种分析方法加以运用，加深对企业发展趋势和存在问题的认识。财务管理信息系统除了能够让基本的会计职能得以实现，还能让资金管理、预算管理、绩效管理与成本管理等管理职能得以实现，通过强大的信息处理功能进行财务预测和分析，使得系统涉及的岗位与各过程都更加高效，也减少了人为因素对数据产生的影响，为企业科学决策提供了全面有效的信息保障。

第二，有效控制财务风险。不管是什么企业，其经济环节基本都会涉及财务管理信息系统，有了这一系统，企业就可以随时知晓资金、资产的流动情况，有利于企业监督其经营活动全过程，对财务风险进行有效控制。

第三，有利于集团财务集中化管理。随着现代企业的不断发展，重要性明显增强的就是企业集团集中财务管理的有效性。财务管理信息系统的建立，不仅能够使拥有复杂系统的下属单位对小组的管理、财务信息与资产状态进行实时控制，还能够通过对小组内部资源的有效分配、管理资本的利用等，减少集团的管理成本，合理配置集团资源，从而避免浪费现象的发生，提升企业集团管理能力。

二、财务管理信息系统建设的目标

多元化企业建设和发展的关键是要有效益。从实际的理解和表达来看，在企业管理中，优化国内财务管理目标，提高盈利能力、企业长期稳定成长和提高风险防范能力是财务管理的最终目标。在财务管理职能转变并扩大预测范围的同时，现代企业财务管理的目标也出现了变化，更加关注自身效益和社会效益的提升，目标更加多元化。

第一，经济目标。效益是企业发展和建设的需求。除了本身建设的经济效益的支持以外，经济目标还包含能够将本身进行提升的社会效益。企业效益指数的财务数据是实现各方面经济目标的前提，而发展与建设的重点是由财务数字的有效利用变为现实的控制网络决定。

第二，将多方面的效益目标进行协调。企业不仅要重视自身的发展，还要加强与外部的协作和交流沟通，将自身与财务逻辑关联的多方要素进行协调，确保多方效益的实现，实现共赢。

第三，能力目标。科学、合理的企业财务实践组织是实现企业经济的支撑，通过瞻前、有序控制和标准管理实现企业财务控制效益最大化，进而加强企业的偿债水平、运营能力和盈利能力。上述内容是互相依赖、互相推进的，企业只有科学地提高财务业务水平和财务运行水平，并使内部多个财务过程相协调，才能够提升企业效益。

三、财务管理信息系统的特性与功能

（一）财务管理信息系统的特性

财务管理信息系统具有以下三方面特性。

1. 安全性

安全性是整个系统中最需要重视的，但安全性并不是单一存在的，安全性被分为系统内部的安全性和访问安全性，以及其他重要却不同的安全性，而如今的系统数据库安全性基本体现在内部安全性上。在制订数据库计划时要注意按照不同的情况，修改不够合理的条件，通过防火墙的防范阻止非法程序的进入，并对其屏蔽，保证信息系统的安全性，使之能够正常运行。

2. 实用性

财务管理信息系统需要系统建设、考虑财务管理的范围，以及满足企业对财务信息的需求。

3. 灵活性

如今，人们面临着各种各样的需求，因此在对系统进行设计时必须考虑灵活性，以满足多种需求。而灵活性要求系统为查询功能设计任意组合。

(二) 财务管理信息系统的基本功能

1. 总账管理系统

总账管理系统包括注册账户、设置账户、填写凭证、记账等。在整个财务系统中处于核心位置的是总账管理系统，它能够接收其他子系统传递过来的计费处理与凭证，实现与其他子系统的无缝衔接。同时，它除了能够删除重复的数据，还能自动地收集数据，提升财务工作效率。总账管理系统除了管理会计账簿和处理总账外，还有提供支票、预算控制、部门收支分析等管理功能。

2. 应收账款管理系统

销售、采购与应收款项，以及全面监控应收情况与相关单据等是应收账款管理系统所处理的主要内容，目的是提升企业的周转速度，处理好与供应商、客户间的关系。这一系统的本质是桥梁，将总账系统和销售系统进行连接，同时也带来了财务和业务的一体化。应收账款管理系统能够对多币种进行处理，适用于多种收款方式与多国税制，这样也能使应收账款管理系统适应企业全球化经营。

3. 应付账款管理系统

应付账款管理系统主要处理销售、采购和应付账款。它监测应付账户和有关单据的状况，提高资金周转速度，促进与客户、供应商之间的良好关系。这一系统能够对多币种进行处理，适用于多种支付方式与多国税制，也能进一步适应企业全球化经营。

4. 库存核算系统

库存核算系统主要核算各种出入库物料的成本，此外，还具备对出入库情况进行实时统计和监控的功能。它对销售、采购等系统数据进行接收，对其成本进行核算与最终确定，并且按照结果生成相关记账凭证。

5. 工资管理系统

工资管理系统主要为人们提供很多简单易懂的工资核算、发放的功能，其中包含工资分析与管理功能，例如部门工资的构成分析、单位工资增长情况分析、人员档案管理等。

6. 成本管理系统

成本管理系统能够接收到固定资产系统提供的折旧费资料、工资管理系统提供的归于成本的人工费资料和库存核算系统提供的原材料领用资料，并计算其相应成本，以及为库存核算系统提供入库产成品成本。

7. 财务报表系统

财务报表系统指的是使会计报表的编制方法与计算机技术相结合设计的，且专门用于报表数据处理的系统。其还可以对各对外报表及各对内报表进行编制。财务报表系统取得相关会计信息的途径是总账管理系统与其他系统，能够对各会计报表进行自动编制，同时审核并汇总报表，生成各种分析图，按照预定格式输出。同时，财务报表系统还能合并跨国公司、企业集团中的不同类型企业的财务报表，还能合并多币种、多账套与多个会计日报表，并且也能实现和其他系统的信息共享，为各级管理者收集数据，是企业信息系统重要的数据输出口。

四、构建财务管理信息系统的建议

企业财务管理信息系统是科学且合理的，因此应当适应形势的发展适当地进行完善与调整，并在整个财务管理活动中应用起来，提高企业效益。

（一）实施财务再生策略

企业的目标管理可以应用再生策略，企业在实施财务再生策略的前提下，进一步明确每个工作环节和相关人员的权利与职责，并在集体智慧的支持下，将财务管理信息系统中可以被实现的理想功能列出来。同时，通过综合分析与综合评价，挑选出和优化系统的基本功能与核心功能，从而形成企业财务管理新系统。对财务因素与财务管理进行彻底的调整，合理地配置财务资源等就是企业的财务再生策略，这主要是为了满足企业内外部需求。其能够满足加强企业财务管理体系，加快企业财务血液流通，改善企业财务管理功能，提高企业适应能力，提高经营水平和效率的要求。

（二）规范企业财务管理的财务细节

企业财务管理的财务细节是比较简单的，通常都是为了突出财务规划和资金使用的平衡。为适应市场经济条件下对企业改革、发展的需要，应当着重注意以下三方面：第一，公司资金的运作问题。提高企业效率和企业价值是企业资本运营的目的；第二，对基础设施招投标等财务问题进行解决，时刻遵循质量、经济的原则，通过企业招投标管理，优化企业投资，提高投资效率；第三，对与环境资源相关问题的解决，企业一定要在企业财务管理活动中渗入环境保护的理念，并将其作为企业财务管理的一个重要因素加以分析。

（三）保证财务信息的准确性

不管是在收集信息的过程中被收集信息的准确性，还是整理、分析信息的过程中应当怎样做出准确的决策，都与财务管理信息系统的建立有关，应保证财务信息的准确性，努力减少管理决策的错误，并避免其随机性的产生，使管理决策更加准确客观。实时地更新处理财务信息，提升管理效率，最终做出有效决策。

（四）建立预警机制

为建立预警机制，应当将信息的在线收集、研究与分析等进行加强，面对预警信号要及时反应并分类。将出发点设在最基础的建立多层次的监测站上，形成一条自上而下的信息链和多渠道预警信息网络。应当及时掌握信息中每个环节的动态，对财务信息进行重点关注，确保信息能够迅速流通，加强跟踪。此外，财务决策者和财务经理能够在网络财务信息共享的支持下收集并查看所需要的财务信息，对财务的运作方式进行了解并有效地保证企业财务管理水平的提升，加强相关部门的交流。使财务管理的科学性和敏感性得到提高，是财务管理的作用。

（五）加强财务管理人员的队伍建设

建设、运行和维护好企业财务管理信息系统，就要先建设一支高素质的管理队伍。各行各业的管理者都应树立全方位服务的理念和应用体系，不断提升自身素质，在学习与教育中不断创造积极条件，从而培养出良好的自律精神和职业道德。同时，还应拥有扎实且全面的财务管理知识，为实际财务管理问题的分析、解决寻找更适合的方法，更好地为企业管理服务。现代企业财务管理信息系统应当突破绩效模型与内涵，将财务信息的来源情况、完整性、相关性与详细程度准确地进行反映。

第四节　账务处理系统

一、账务处理系统

账务处理系统又称总账系统，是会计核算的核心，其他业务系统往往需要读取财务系统的数据进行核算，而且要将处理结果汇总生成凭证送账务处理系统统一处理，实际上许多企业一般都是从账务处理系统开始实行会计电算化的，从而进行的系统性、全面性、连续性的核算和监督，并对经济活动进行必要的控制、决策、预测以及分析的过程。为了达成这一目标，会用到很多专业的会计方法，如会计控制方法、会计分析方法、会计核算方法等，而最基础的会计方法就是会计核算方法。会计核算需要进行账户设置、复式记账、凭证填制和审核、账簿登记、成本计算、清查财产、会计报表编制等一系列工作，而且各个工作之间是紧密联系、不可分割的，从而形成了一套系统的会计核算方法体系。在整个会计核算工作中，基础工作包括账户设置、复式记账、凭证填制和审核、登记账簿四步，不管是什么样的经济业务，都需要经过这四个步骤来进行成本核算。而且会计核算主要依据财产清查、会计报表编制以及财务分析来进行。所以说会计财务处理包括账户设置、复式记账、凭证填制和审核、登记账簿。

（一）账务处理系统的功能

1. 账表输出与子系统服务

（1）账表输出。这是对符合企业管理和会计制度的要求，并对账务数据库文件按照一定的要求进行检索、排序以及汇总后形成一定格式的表格并予以输出的一种操作。一般包括三种输出方式：一是屏幕显示输出；二是打印输出；三是磁盘输出。如日记账、明细账、总账以及综合查询结果等都可以进行输出。根据会计科目和日期可以自动汇总的账表包括日记账、明细账和总账。输出账表数据时还可以提供综合查询功能，即可以根据会计人员的指令进行相关记录数据的筛选和提取等。会计人员可以进行单项条件的筛选，如日期范围、支票号、经受人、金额或者审核人等，或者是进行组合条件查询。

（2）子系统服务。子系统服务功能主要由以下几类组成：一是修改口令，即系统授权使用者可以根据需要对自己的口令密码进行修改，或者是修改会计主管设置的口令，防止其他人随意进入系统篡改数据或者进行数据复制等；二是会计数据备份和恢复，即将会计数据复制到软盘或光盘上，以防止数据的损坏和丢失等，需要在备份数据总字节数、备份所需时间、备份进程指示以及插入软盘等提示下进行数据备份，数据进行恢复操作时会覆盖所有的现有数据，因此一定要慎重操作，甚至还需要进行恢复密码和恢复日期的核对等设置；三是系统维护，这是管理磁盘空间的一种操作，可以进行病毒的清理、故障的消除、重新建立数据库文件的索引等；四是外部数据获取。

2. 辅助管理功能

当然账务处理系统的功能不能仅仅满足于提供会计核算所需要的基本功能，还应该提供更多的辅助管理功能，具体包括以下几类。

（1）银行对账。这一功能主要是完成对余额调节表进行初始化、自动获取银行对账单，并完成自动对账，将对账结果予以输出，将已达账项进行删除等。

（2）往来核算与管理。这一功能主要是要设置往来单位通讯录和期初未达账项，分析往来账龄，核销和查询往来款项，并进行催款单的打印等。

（3）项目核算与管理。这一功能主要负责项目账表输出，从而按照项目来核算和管理成本费用以及收入等。

（4）部门核算与管理。这是将部门作为核算和管理的单位进行的一种经营活动，这一功能有利于每一个部门都高度重视自己的产品和成本利润核算。

（5）自动转账。定义自动转账分录、生成转账凭证以及外部数据获取等都属于自动转账功能的一种。

（二）账务处理系统的设计

1. 账务处理系统的设计原则

在设计账务处理系统的过程中不但要满足其基本功能的实现，能够进行有效核算等，更需要对系统的易操作性、可维护性以及适用性进行综合考虑。所以，以下几个原则是进行子系统设计时必须要考虑的因素。

（1）符合国家有关法律法规和统一会计制度的规定。为了有效促进会计工作的完善和规范，确保会计人员的职权行使具有法律依据，以便达到会计提高经济效益和加强经济管理的功能目标，国家和财政部门也出台了很多有关的法律法规。这些法律法规和制度对会计软件的功能、术语使用和界面设计都进行了相应的规定。

首先是对于会计核算、会计机构、会计监督、会计人员所承担的法律责任等都在《中华人民共和国会计法》中给予了明确的规定，这是促进会计活动规范发展的前提和基础，更是其他会计法律法规的立法依据。

其次是对会计核算行为进行规范的标准，即会计准则，它是一切会计活动的规范和标准等。而且会计准则作为行业会计制度的制定依据，是行业会计核算的标准与依据。任何一个会计软件核算方法的确定都要符合会计准则和行业会计制定的要求。

再次是《会计电算化管理办法》，它主要针对会计电算化管理、评审和替代手工记账等进行了相应的规范，并发布了《商品化会计核算软件评审规则》《会计核算软件基本功能规范》等会计制度。会计软件的输入、处理、输出以及安全性的考虑都可以在《会计核算软件基本功能规范》中找到相应的依据，在执行过程中要严格按照要求进行。

最后是其他有关的法规、制度等。如《会计电算化工作规范》《会计档案管理办法》《会计基础工作规范》等，会计活动进行的具体要求和规范都在《会计基础工作规范》中进行了明确的规定，能够有效地指导会计软件的输入、输出以及处理等工作。

（2）满足各种核算和管理的要求。企事业单位的会计业务繁简程度不一，加上规模和管理模式不同，会采取不同的会计核算方式和管理要求。所以对专用会计核算软件和通用会计核算软件的要求也不同，专用会计核算软件只需要符合具体单位的核算需求即可，通用会计核算软件的适用性就要广泛多了，以便对不同的核算和管理要求予以实现。当然，随着经济的不断发展，企事业单位也开始有着越来越高的管理要求，这需要扩展专用会计核算软件的适用性。

2. 账务处理系统的数据流程设计

账务处理任务可以体现出账务处理系统的数据处理流程，一般包括以下几个流程。

一是建账工作，这是处理系统日常账务之前就要做好的基础工作。主要包括初始账户的建立，相应账户的科目编码、科目名称、账户余额的录入等工作。

二是录入记账凭证，并将之在记账凭证库中进行存放和复核，之后才能进行相应的记账工作。在记账过程中可以直接依据记账凭证进行明细账、日记账和各专项账的记录，总账是汇总科目汇总表后得出的。一个会计月份中会包括多次记账，并且前一次记账会作为下一次记账的依据和前提。通过记账，可以实现账簿查询、报表打印等功能。记账从原则上来说是不允许修改的。不过出于灵活性考虑，只要还未正式输出报表账簿，还是可以进行记账撤销操作的；等修改后可以重新记账。因此，完整有效的账簿应该是月末结账之后进行输出的账簿。

三是在现金日记账中要体现所有的有关现金科目的凭证分录；存款科目的所有凭证也需要体现在银行往来日记账中，这样才能和银行单据进行核对，从而生成银行存款余额调节表。

四是转账凭证是由计算机根据记账后的有关账户的数据自动编制的。

五是最后一次记账完成后要进行结账的操作。结账过程中要先对记账凭证库进行后备处理，操作后进行数据库的清空，方便下一个会计月份的记账凭证输入。当然，还要相应地处理好科目数据库、银行对账库以及账簿数据库等。结账时就无法修改记账凭证了，因为所有的记账凭证都已经清空了；若是结账时发现有错误的记账凭证，则需要在当月进行红字冲销，以便调整。

六是账务处理系统和其他子系统中的数据可以相互调用，以便更好地进行成本核算和报表编制等。

二、销售与应收账款系统

(一) 销售与应收账款核算系统的功能需求

商业经营管理中的一个关键步骤就是进、销、存核算管理。电算化进、销、存核算管理软件要依据商品进、销、存管理要求设置，并实现以下几个功能：首先是基于商业企业业务经营和财务管理的需求，处理各种进货核算账簿，做好进货和商品采购核算工作。其次是核算商品的销售。核算和统计商业销售业务时要依据国家的规定进行，并对经营业绩和增值税金进行核算等。再次是核算企业的库存商品，认定商品的计价成本、结转销售成本以及处理盘盈盘亏的商品等。最后是将相关的数据传送至账务软件，以便更好地管理和核算商品的进、销、存。

（二）销售与应收账款管理系统的功能模块设计

当系统的功能和数据处理流程都已确认后，就可以进行系统的功能模块设计了。

（1）更新处理模块。本模块在更新产品结存文件时需要用到。对产品结存文件进行更新需要依据产品的入库、出库等数据文件，主要操作包括先依据产品代码进行搜索并获取相关的记录，产品结存文件中的收入数据和发出数据均来自入库单和出库单，将核对后的出库单和入库单进行更新标志的设置，并对出库、入库文件执行同样的操作，直到所有的文件记录都执行了以上操作后，就完成了这一模块的工作。

（2）计算、结转与分配模块。这一模块主要是用来进行计算产品销售利润、产品销售税金及附加和产品销售费用分配和销售成本结转等工作的，并自动生成转账凭证，作为账务处理系统和报表系统的编表和登账依据。

（3）将凭证、明细账、销售利润明细表、销售税金利润汇总表等都一一打印出来时需要用到打印模块。

三、固定资产核算系统

固定资产的使用期限要超过一年，具有规定标准以上的单位价值，而且其实物形态比较稳定，通常来说由房屋、建筑、机器设备以及运输设备等组成。企业的固定资产一般包括以下七种类型和相应的明细科目：一是生产经营用固定资产；二是非生产经营用固定资产；三是出租用固定资产；四是未使用固定资产；五是不需用固定资产；六是融资租入固定资产；七是土地。针对固定资产的核算项目主要包括三种：一是固定资产；二是累计折旧；三是固定资产清理，从而全程核算固定资产的取得、建造、使用以及报废等。固定资产登记簿和固定资产卡片是对固定资产进行明细核算的科目。

固定资产核算可以通过手工方式和电算化方式进行，在手工方式下先要根据固定资产卡片进行固定资产明细账登记，对每一项固定资产的当月折旧、累计折旧以及净值进行核算，并和总账进行核对。电算化核算固定资产的流程和手工处理流程比较类似，用户进行基本数据、公式和定义输入后，就只需要对新购、报废等有变动的固定资产进行相应处理即可，当月折旧、累计折旧以及净值的计算都由计算机自动完成，之后依据用户指令完成统计、查询、汇总以及打印程序。和手工方式相比，电算化的固定资产核算具有精度上、速度上以及灵活性上的优势，在降低财务人员的劳动量和劳动强度上都发挥了积极作用，同时还使得财务工作的效率得到显著提升。

四、薪资核算系统

工资是对职工个人的劳动给予的货币报酬，对于企业来说是一种负债，是对职工付出知识、技能、时间和精力所给予的补偿。工资核算需要完成以下任务：对职工的工资进行正确的计算，分门别类地对工资进行分配和登记入账，进行工资发放表的编制，对个人工资条进行汇总。所以一般来说，工资核算系统由以下内容组成：首先是从企业人事部获取的职工个人工资原始数据，并作为实发工资、各项扣款以及应付工资核算的凭证；其次是依据机构层次进行各种费用的统计、汇总、分配和计提，进行工资转账；最后对工资发放表进行打印，对个人工资情况进行汇总，以供不同方式的查询和打印等。

（一）工资核算的特点

任何一个企业的财会部门都要完成工资核算工作，其特征表现如下。一是具有较强的政策性。工资和国家、集体以及个人的利益都是息息相关的，因此在填报和核算时一定要依据国家规定如实、认真地进行。二是具有较强的时效性。在确保计算无误后就应该按照规定的时间发放工资。三是具有较强的重复性和较大的工作量。每个月的工资核算都具有一定的固定性，其处理程序也较为相同，且工资科目包括很多类目，计算过程非常复杂，当职工基数较大时，工资核算系统要处理的数据就会非常大。为此，电算化有利于工资核算工作准确、快速地完成。

（二）工资核算电算化的意义

国家一般采用国民收入分配中的消费基金来作为职工个人的工资支付，所以关系着每个职工的物质生活和利益，此外，产成品中也包括工资部分。

所以工资政策的贯彻执行、工资的正确计算和及时发放以及工资支出的控制等都会积极地推动国民经济的发展，并会促进职工生产积极性的调动、劳动生产率的提升，有效降低产品成本。工资核算若采用手工方式进行，会耗费财务人员大量的时间和精力，且无法保障准确性。所以现在一般采用电算化方式，从而有效地提升了其运算速度和准确率，减轻了财务人员的工作负担。通用工资核算功能模块的设置较为方便、灵活，且具有较高的处理效率和较强的功能等优势，所以薪资核算系统在各行政机关企事业单位中得到了广泛的应用。

第五节　大数据与网络对企业财务管理的影响

一、大数据对财务管理的影响

数据已经成为一种商业资本、一项重要的经济投入，可以创造新的经济利益。在企业财务管理领域，随着大数据的日益兴起和全方位的发展，相关实践和研究均日益呈现出一些具有重要意义的变化趋势。

（一）大数据的价值分析

在大数据时代，政府、企业和个人都需要应对信息管理和信息使用的问题。随着数据的融合，管理数据和分析数据的重要性更加明显。数据对企业的业务增长有显著的推动作用。数据能够为企业提供更多的商机，还能够帮助企业分析业务运营和财务状况。如果平时多加留心，也有可能从微不足道的数据中提炼出有价值的内容。在实际的工作中，要分析数据能够产生的价值。在不同情况下，相同的数据可能会产生不同的价值；单一的数据可能不会产生价值，但将单一数据组合在一起，就有可能提炼出价值来。数据的价值主要体现在以下三个方面。

1. 识别与串联价值

识别价值是指能确定目标的数据价值。身份证、银行卡、手机号码等都是具有识别和串联价值的数据。亚马逊购物网站将登录账号作为识别客户的标记。购物网站能够根据用户的登录账号识别用户、确定商品被哪些用户浏览，通过相关信息总结用户的购买行为特点。除登录账号以外，网站还可以通过储存在用户本地终端上的数据（cookie）对用户进行识别。cookie 是浏览器中的字符，但在互联网公司方面，cookie 是识别用户身份的标记。用户在搜索引擎中搜索某一内容后可能在很多网站上都会看到与之有关的资讯或商品的推荐，这就是通过 cookie 实现的。一些互联网公司对 cookie 的重视程度非常高，它们会使用 cookie 对用户的类别进行记录。单一的 cookie 没有价值，将用户登录不同页面的行为串联起来就产生了核心价值，即串联价值。

2. 描述价值

一般情况下，描述数据将标签作为存在形式。描述数据是经过初步加工后的数据。初步加工数据是数据从业工作者平时的工作中最基础的工作。企业的营业收入、利润、净资产等数据都是描述性的数据。电商平台类企业的描述数据包括成交额、成交用户数、网站的流量、成交的卖家数等。通过描述数据能够判断企业的交易活动是否正常。但在企业方面，数据的描述价值和企业的业务目标的实现之间的关系不是正比关系，即并不是描述数据越多越好，而是要多收集和业务密切相关的数据。如一家电子商务公司既有个人计算机（Personal Computer，PC）平台业务又有无线平台业务，PC 平台的数据描述对成交额更侧重，无线平台则对活跃用户数量更关注。

在企业的业务人员方面，描述数据能够帮助他们对业务的发展状况有更深的了解，让他们对企业业务的认知更加清晰。在企业的管理人员方面，关注企业的描述数据能够使其做出更符合企业发展的决策。分析数据框架是描述数据的最好方式，将核心的点从复杂的数据中抽出来，使得使用者能在短时间内了解企业的经营状况，同时也能掌握更多的细节数据。能高效分析数据框架是对数据分析师的基本要求，即理解数据，能够对数据进行分类并将其有逻辑地展示出来。

3. 产出数据的价值

从数据的价值方面来说，很多数据自身并没有特殊的价值，但将几个数据组合在一起或对数据进行整合后会得到数据的价值。比如，在电子商务发展初期，很多人都关注诚信问题，于是就产生了两个衍生指标：一个是好评率；另一个是累积好评数。这两个指标，就是用户在电商平台的页面上经常看到的卖家的好评率和店铺级别，用户能够基于此了解卖家的历史经营状况和诚信状况。但仅以这两个指标来对卖家进行评价，无法很精确地衡量出卖家的服务水平。因而又衍生出了更多的指标，比如与描述相符、物流速度等，这些指标最终变成了一个新的指标——店铺评分系统，可以用它来综合评价某个卖家的服务水平。

某个单一的商品在电商网站上可能会出现大量评价，某个用户不太可能阅读全部评价，因此就需要对这些评价进行处理，以产生能够帮助用户做出明智购买决策的新的数据，这些数据就是关键概念的抽取。在对数据的价值有了一定的了解之后，能够更容易地掌握核心数据，从而更好地发挥数据的作用。因此，数据精细的分类和精细的加工过程能够使数据的使用更加得心应手。

（二）大数据在企业管理中的应用

1. 社会化的价值创造

随着大数据时代的到来，不管是产品生产的创造，还是产品价值的创造，都越发趋近社会化和公众参与。目前，随着社会信息产生与传播方式的不断变化，企业与消费者之间的关系正在朝着平等和相互影响而发展。在这种状况下，由大量的互联网用户创造的信息和数据，组成了互联网的海量数据。传统的管理模式已不再适应当前的企业的发展，而企业通过和网民的互动，积极引导网民参与到企业相关业务流程管理过程的各个环节中，可以引导网民参与其中的企业业务流程，不仅包括创意、设计、生产等领域，还包括市场推广、销售等诸多环节。企业通过收集网民的反馈，来展开产品的优化与创新，最终，实现企业与网民群体两方的共赢，即实现协同发展。

2. 网络化的企业运作

企业的运作及其生态，正在朝着网络化和动态化的趋向而前进。现代企业中，无论是生产管理，还是商务决策，都有赖于网络生态系统，而构成这一系统的四大元素，就是社会媒体、网民群体、竞争对手，以及上下游合作企业。网络生态系统的新发展趋势，简而言之，就是纵向整合和横向联合。纵向整合是指大规模企业群体以供应链为中心，相互连接与合作，进行分工协作、互利共生，一方面实现供应链向价值链的转变；另一方面实现供应链向生态链的转变。横向联合是指网络化商务模式使得企业组织之间的竞争模式发生了一定程度的改变，为分布于各地理区域的、在组织上平等独立的企业之间进行沟通与交流创造了条件，使它们可以在谈判协商的基础上建立起一种密切合作的关系，进而形成一种动态的新型组织形式，即"虚拟企业"，这一组织形式不仅有助于企业资源的优化，还有助于实现企业资源的动态组合与共享。

3. 实时化的市场洞察

现代企业要想更好地发展，必然要在理解和洞察市场需求方面越发实时化和精准化。企业可以通过网络来获取和收集顾客在各个渠道以及生命周期各个阶段所产生的行为数据，并且根据这些数据设计出一种具有高精准度且绩效可高度量化的营销策略。消费者的异质性越发明显，主要体现在消费者在购物、交友及阅读等方面的兴趣与偏好具有多样性上。企业通过商业应用对消费者交叉融合后的可流转性数据的分析，可以获得消费者的个体行为与偏好方面的数据。未来，企业可以对每位消费者的不同兴趣和偏好进行精准的把握，并以此来为消费者提供个性化产品和服务。

（1）有助于企业洞察消费行为。一个成功的品牌，必然对消费者的行为趋势有相对准确的分析与预测，而这种分析必然是建立在大数据的市场调研，以及对大数据的分析之上的。在数据环境背景下，对消费者消费行为的预测模式，早已不再采用传统的市场调研方式了，对全部数据的整理和分析取代了随机采样的调研方式。在预测模式下的企业，通过挖掘分析消费者对产品的反馈，来获取消费者对产品的真实态度，分析出消费者对产品的真正需求和建设性意见。企业通过对消费者行为的洞察，结合消费者的反馈性意见对企业进行重新定位。

（2）有助于企业升级产品。基于相关关系分析法的预测分析，可以说是大数据的核心，是建立在对消费者的大量消费数据进行分析、判断的基础上的预测分析，不仅可以帮助企业掌握消费者的行为偏好，还可以帮助企业更好地了解行业未来的发展趋势。依据大数据而获取的消费者反馈和产品未来发展方向，可以帮助企业更好地改进产品，使产品更加适应以及迎合广大消费者的偏好。企业依据消费者的偏好，制定一个前期规划，不断调整和改进企业生产流程中的不合理之处，为企业实际运营中遇到的难题提供解决方法，并以此来触发企业新的价值增长点。

（3）有助于企业经营管理。大数据技术可以帮助企业发现存在于生产经营中的商业价值信息。例如，通过大数据可以分析出不同数据之间隐藏的关联性，也就是通过分析、处理相关数据，可以挖掘出企业各个产品、部门之间难以被发觉的关联或交叉重合之处，企业基于这些内容，可以保障企业战略规划的执行和产品的运营，有助于企业破除臃肿机构，为企业合并提供相关依据及思路。

（三）大数据对企业财务管理的影响

1. 大数据对会计数据和会计工作的影响

（1）会计数据来源的变化。会计数据的来源从结构化数据变为非结构化数据。非关系数据库是结构化数据的主要来源。相比之下，结构化数据的格式并不十分严格。半结构化和非结构化数据的来源随着信息技术的不断发展越来越丰富，价值越来越高。对于结构化数据的替代，不仅体现在数据量上，还体现在所提供的价值上。传统操作系统生成了静态结构化数据。因此在大部分情况下，结构化数据以一维形式存储和管理。现代技术设备生成了静态非结构化数据，它只能被保存在数据管理过程中，且只能使用非关系数据库。大量的实时数据流就是动态实时计费数据信息。非结构化数据被广泛使用。通过互联网开发的在线书店的点击率等通过存储大量非结构化数据（如客户搜索路径、浏览记录和购买记录等）来分析客户的购买倾向，预测客户兴趣和购买书籍类型等，这些是在会计工作中需要考虑到的因素。因此，这些因素会给非结构化数据带来直接影响。

（2）会计数据处理方式的变化。会计数据处理已从原始的集中式改为分布式。在大数据的情况下，数据库的索引趋势很明显。当前的数据计费处理方法不同于传统的计费处理。企业应该积极采用分布式或统一的会计数据处理方法，以跟上时代的发展。企业在选择会计数据计算体系结构时，应根据企业的具体情况，认真分析和理解各种计算体系结构，以适应不同类型会计数据计算的需要，为企业发展奠定基础。

2. 大数据对会计信息质量的影响

（1）对可靠性的影响。大数据时代的到来意味着大数据资源将成为企业的数据资产。但是，目前尚无相关的数据资产匹配规则。根据资产定义，大数据仍不是资产，同时，纯粹基于货币的计量已无法满足资产的需求。

（2）对相关性的影响。会计信息根据其是否与决策需求相关来确定会计信息的质量。大数据时代扩大了会计的内容和范围，会计实体自身获得的信息量大大增加，信息处理速度也提高了。这意味着对会计信息有需求的用户可以在同一时间获得更多的信息，并提高了会计信息的及时性。如何识别相关信息以及如何进行权衡是衡量会计师职业素养的关键因素。

二、网络对财务管理的影响

(一) 网络信息环境下的管理思想

1. 网络效应

网络效应是指当一种产品对用户的价值随着采用相同的产品或可兼容产品的用户的增加而增大时而出现的网络外部性，也称为需求方规模经济和范围经济（生产方的规模经济对应）。事实上，网络的价值不仅与网络中的节点数成正比，有时是一种几何倍数的关系，随着用户的增加，整个网络的价值增加得更快，企业的市场价值更高，单位客户的固定成本以更快的速度下降，用户也从这种更大的网络中获取更大的效用和满足，而且用户可能并不需要为此付出代价。这给传统的财务管理的成本效益原则带来了较大的挑战。

在企业用户网络的初创期和成长期，企业投入巨额的资源，但由于用户较少，网络的价值很低，企业只有现金的流出，净利润连续多年为负数，在这种情况下，企业为了分摊较高的固定成本，就会制定一个较高的销售价格，这将会使企业失去发展的空间。所以在存在网络效应的情况下，企业的财务管理更具挑战性，企业的财务管理人员需要分析企业达到保本点时的销量或销售收入，进行盈亏平衡分析，分析达到盈亏平衡点的可能性有多高，分析企业需要多长时间达到盈亏平衡点，分析企业的资源，特别是现金在时间和数量上能否满足企业的需要。

2. 第三次浪潮

人类的财富浪潮划分为三次。第一次财富浪潮为农业社会，人类首次有了生产剩余（主要为粮食）。第二次财富浪潮是工业一体化（制造产品），用核心家庭替代第一次财富浪潮中农业社会里数代同堂的大家庭，第二次财富浪潮建立了垂直控制的公司等级制度。第三次财富浪潮用知识替代了工业社会中的技术、土地、劳动力和资本等各种传统上被认为是推动经济发展的因素。同时，第三次财富浪潮分解生产、市场和社会的一体化，接受多元化的家庭结构。而且第三次财富浪潮打破以公司为主体的各种组织形式，使各种组织网络化和组织结构多元化、扁平化。第三次财富浪潮中陈旧的机构功能失调，新的生活方式，新的价值观，新的信仰制度，新的家庭结构，新的政治形式，新型艺术、文学，两性之间新的关系，新的主体社会甚至文化等对社会造成了前所未有的冲击。

第三次浪潮的财富体系主要基于服务、思考、了解和试验等知识的积累，对于第三次浪潮的财富来说，不仅数量上的变化很重要，基于知识的财富的创造、分配、流通、消耗、储存和投资方式等同样重要。

（1）知识是非对抗性的，运用知识的人越多，用知识创造知识和财富的可能性就越高，知识具有高度的网络效应。这是一个非零和博弈。

（2）知识是无形的和非线性的，对知识价值的计量非常困难。

（3）不同领域的知识相互整合，可以创造更多的财富。托夫勒的第三次浪潮和平衡计分卡、网络效应都强调知识的重要性和掌握知识的员工的重要性，企业的员工才是真正创造价值的主体，而员工能否创造价值又受到环境、其他协作者等的影响。企业的财务管理不能够单独地发挥功能，必须和企业的其他部门协同，组成灵活多变的跨功能团队，根据顾客和市场的快速变化发挥网络效应，才能创造价值。

3. 单品管理

以 7 - Eleven 为例，分析单品管理。7 - Eleven 是世界上最大的单一便利商店体系，其之所以能从一家小店发展到遍布全球，主要是其创始人铃木敏文提出的单品管理方法。单品管理是运用企业的组织系统、人力运用、运作流程协调捕捉市场机会，减少库存，减少不必要的运输和其他浪费，从而使企业收入上升，同时成本下降。单品管理是 7 - Eleven 最重要的经营理念。所有的组织系统、人力运用、运作流程都是为了实现单品管理，努力捕捉商机，减少库存、不必要的运输和其他浪费，提高效率，单品管理表面上看是对一个个商品根据其特性分别进行管理，以避免在管理中只分析销售收入和对存货进行"进—销—存"管理的粗放管理的低效。

刚开始，7 - Eleven 的成员全部是外行，缺乏销售和进货的经验，这形成了 7 - Eleven 不拘泥于惯例的企业文化。销售终端（Point of Sale，POS）信息系统根据每一类商品的商品名、单价、销售数量、销售时间、销售地点和进货数据等进行结合分析来判断是否畅销，以及时满足顾客的需求，这形成了随机应变改变商品把握住每个赚钱机会的企业文化。单品管理正确的做法是，根据第二天的天气、温度、地方进行的活动等条件设想顾客的购买心理；然后进行销售假设，并据此订货；最后通过 POS 信息系统检验假设的正确性。

通过反复进行假设和验证能够促使损失降到最低。每一类的单品管理相互影响，相互促进，形成了单品管理的网络，这个网络每天都在发生变化。

在信息时代，市场和顾客的变化较快，而且对于便利店而言，降价并不能使销量上升，库存更是利润的头号敌人，尽管有互联网技术系统快速传递信息，但即使新的信息已传达所有员工，也不一定能立即改变员工的行为，这样，销售一线就不能及时响应市场的变化。在 IT 如此发达的今天，7 – Eleven 通过每周与区域顾问召开经营咨询和信息共享会议，共同学习，分享思考方法与价值观。

环境变化并不是导致商品滞销、利润下降的主要原因，企业的经营模式、组织体制，员工的经验主义、个人主义、工作方法、不能站在顾客角度进行换位思考才是企业不能盈利的根本原因。7 – Eleven 重视跨功能团队的建设，打破国内外生产企业、物流企业、零售企业之间的界限，从顾客的需求出发，集结行业价值链所有环节最好的专家组成商品开发小组，共享信息技术和经验，据此开发新产品。员工的系统思考思维和跨功能团队的合作网络是企业市场占有率上升和取得竞争优势的重要因素，企业必须进行价值基础管理，不断提高产品的品质，才能提高顾客的满意度和忠诚度，降低成本并长期盈利。

4. 平衡计分卡

平衡计分卡是用系统的方法连接战略和运营，形成一套综合完整的战略制定、规划和运营执行的管理体系，以帮助企业克服困难，避免挫折。有效地实施战略和执行预算需要员工的认同和参与。根据代理理论，有限理性的员工并不会为组织的战略而奋斗和工作，员工加入组织是为了满足自己的利益。所以战略和预算的执行离不开员工的支持。战略与运营的流程步骤同样适用于预算。第一个步骤是就企业战略和预算目标与员工进行沟通，对员工进行教育，这个过程可以自下而上或自上而下，但一定要充分吸收员工的不同意见；第二个步骤是将员工的个人目标和激励与战略和预算结合；第三个步骤是根据战略和预算目标对员工进行相应的培训，使员工具备实施战略和执行预算所需要的知识、技能和综合能力。在上述过程中，企业领导要用多种方式反复地和不同责任中心部门负责人进行沟通，这些部门负责人同样要和中层职业经理人及一线员工进行充分和有效的沟通。

管理体系中最终会形成战略规划（Program）和运营计划（Plan），而预算（Budget）被放在运营计划中，这里的预算是非常狭义的预算，它的期限在1年以内。事实上，企业实务中所使用的预算文件是把这三者放在一起的，规划、计划和预算实质都是为了达到企业的目标而对当前和未来的资源进行分配的活动。管理体系图中的战略规划和运营计划是企业预算体系的重要构成要素，而且也是企业总部、责任中心、支持单元和全体员工沟通和协调的重要工具。同时，战略规划和运营计划也是企业绩效评价体系中的重要指标，用来激励员工的行为和企业目标一致。

结合企业的战略、资源、能力和流程等要素，最终形成战略预算和运营预算。战略预算和运营预算会用来进行沟通和绩效评价。组织的各构成部门和单元，甚至是每一个员工执行战略预算和运营预算。在执行的过程中，实际结果如果和战略预算和运营预算有差异，则分析差异产生的原因，然后通过运营回顾和战略回顾来进行控制和反馈，以确保目标的实现。管理体系图表明战略预算和运营预算既具有协调沟通功能，又具有评价功能。预算既是计划工具，又是控制反馈工具。预算必须支持战略的执行，但预算和战略之间的落差较大，需要引入平衡计分卡来承上启下，平衡计分卡及战略图的可视化管理工具将会引导资源的有效分配，这种分配既支持战略和核心能力的构建，从而形成竞争优势，又支持组织减少非增值作业，提高运营效率。同时预算可以及时发现企业的资源和能力能否满足战略的需要，以及如何取得和提升这些能力。

企业财务协同、客户协同、内部流程协同、学习和成长协同是企业价值的重要来源。企业的财务协同、客户协同、内部流程协同、学习和成长协同体现的是企业各部门、各业务单元和全体员工的整体性和系统性，企业的跨功能团队是协同的具体表现，也是企业竞争优势的重要来源。

企业财务维度的定位是现有业务产生现金流支持新增业务（内部投资的增长），客户维度的定位是现有业务和新增业务共享顾客、交叉销售。内部流程维度的定位是衡量顾客增长幅度、服务质量、市场占有率。学习和成长维度的定位是通过培训员工、跨功能团队和有效的信息系统支持企业的内部流程。公司对平衡计分卡的四个维度同样制定了评价指标。采购部门必须满足业务单元的要求，同时采购部门又会用同样的标准来严格要求独立供应商。企业各单元的协同以及与供应商的协同使企业获得更大的价值。

（二）网络信息环境下的企业财务管理人员

在信息时代，财务管理人员的职责将发生变化，将变成 e 财务管理人员，其中 e – CFO（首席财务官）是 CEO 未来决策的战略伙伴和风险管理专家，财务管理人员负责的传统领域如提供和管理会计信息将会消失，物质资本和营运资本将变得不重要，采购、应付账款、销售和应收账款会网络化或被外包，财务管理人员将向决策支持和集成分析通才方向发展。

在信息时代，企业价值的最终组成部分是人。如果预测和执行过程低效，再好的系统也是无用的。信息化将使品牌资本和人力资本变得越来越重要，而运营资本和实物资本越来越不重要，应该外包。通过网络，沃尔玛等零售商、宝洁等生产商和惠普等 IT 公司创建了合作规划、合作预测和合作供给型商务模式。该模式使零售商同步化，库存降低，加快反应速度；该模式可以缩短给顾客供货的时间、距离，降低顾客的采购成本。供应商和零售商需要共享中长期规划和短期计划，并根据环境的变化同步调整。双方在设计产品时就产品的功能、质量、交货期等达成一致，实时共享生产、定价等信息。双方共同预测市场需求，可以使双方的库存共同下降。当顾客需求发生变化时，双方合作会缩短反应时间和加快推出新产品的速度。

以苹果公司为例，成本与收入的直接配比关系不复存在，因为随着销量的大幅上升，成本/销售收入比快速下降，毛利的绝对数快速增长，这是因为销量上升，和富士康的结算价会下降，销售费用和管理费用占收入的比重急剧下降。另外，客户数量的剧增，使用苹果手机下载应用软件的客户越来越多，服务这些客户不需要任何的成本。不仅如此，苹果先卖出应用软件，收到现金，然后再向软件开发者支付现金。苹果获取现金在前，提供商品在后，这是一种全新的商务模式。而且在现金周转上，苹果公司不需要专门的融资活动，从外部（客户和供应商）获得的资金就足以进行发展。最后苹果公司只有少量的固定资产，固定成本和变动成本的成本性态分析也毫无意义。苹果公司颠覆了传统的公司理财。在信息时代，投资机会稍纵即逝，而且项目总比资金多，有时企业还会发现有些战略投资的预计收益低于取得资金的成本。资源配置和资源吸引（对现状的否定、培育新的商业模式和价值创造理念）要协调发展。企业的资源有灵活性、流动性、持久性（耐用性及淘汰时间）和稀缺性四个特征。

在信息化时代，财务部门工作人员的技能必须提高，其影响力也会扩大，财务部门应为企业创造价值，而且财务部门低附加值的活动，如日常账务处理、财务报告编制的重要性日益下降，也仅会占用很少的财务资源，财务部门重要的是进行决策支持活动。决策支持活动的核心是找出行业和企业长期成功的价值动因，使企业战略、日常运营和员工激励等围绕价值动因建立核心竞争力，获得财务上的成功。平衡计分卡为财务网络化管理提供了指导思想。平衡计分卡认为，企业内部的战略事业单元（利润中心）、支持单元（财务部、人事部等部门）和更基层的单元的相互协调可以创造企业价值。企业作为一个整体的"价值创造"等于"来自客户的价值"与"来自企业的价值"之和。来自企业的价值是指企业通过跨部门和跨功能的团队创造出超过各个业务单元独自运营所产生的价值总和的价值。

平衡计分卡从财务、客户、内部流程和学习与成长四个维度考察企业的价值创造。良好的员工经过系统的培训和训练（学习与成长维度），可以使企业在产品或服务质量、性能、价格和交付期等方面（内部流程维度）表现出色，这会提高客户满意度和客户忠诚度（客户维度），最终使企业在权益净利率和长期获利、快速成长等方面表现优异。从这个角度来看，企业的财务管理和企业的客户关系管理、内部流程管理（价值链管理、流程再造等）、绩效与人力资源管理（学习与成长维度）有非常紧密的因果关系。这种关系可以称为各个管理系统的网络。另外，在全球化的信息时代，供应链管理和其他利益相关者的管理也对企业的财务管理带来了深远影响，这是企业财务管理的外部网络。

企业的 CFO 掌握企业至关重要的财务数据，并参与企业的战略、计划、预算、控制和绩效评价等与全局相关的活动，企业需要以 CFO 为首的财务部门配置资源、创造价值。企业的财务部门需要通过分析企业的价值动因来进行源流管理（对价值创造的起点和原因进行重点管理）。

传统上，企业的财务管理活动和职能主要包括六个方面，而且把这六个方面视为一个单向的循环，这在全球化的信息时代是较狭义的财务管理。财务活动是相互影响和相互制约的，财务管理必须和企业的其他活动协调才能创造企业价值，所以企业必须使用价值动因分析。如企业通过大幅减少供应商数量，可以降低应付账款会计处理的工作量，节省办公费用，使企业有更强的议价能力，降低采购费用。企业财务管理需要有这种线性的分析能力才能从源头上给企业创造价值。企业财务管理是价值基础管理，其目标是企业价值最大化。

价值基础管理使企业的目标从短期利润向长期价值创造转变，企业实施价值基础管理需要采取以下几个重要步骤：理解价值动因，找出创造和侵蚀价值之处，进行以价值为基础的决策，使价值基础管理制度化并和绩效管理整合，建立价值创造文化。企业的财务管理部门，不仅需要有效配置企业资源，增加对企业的其他功能的参与，发挥更大的作用。在信息化和全球化背景下，企业财务管理的环境和功能都发生了变化，企业财务管理部门需要根据这些变化提高决策参与的能力，学习新的思想、方法和工具，为企业创造价值。

（三）网络信息环境下的道德财务要求

道德、福利、后勤服务和社会责任等非财务目标对企业也是具有重要作用的，管理者不可忽视这些因素的重要影响。道德问题涉及企业管理层对企业的利益相关者的损害，如种族歧视、哄抬物价或者故意压低买价、破坏环境、逃税等。企业制定财务政策时必须考虑到以上因素，并且财务政策的执行必须得到密切监督。为了道德目标，必须制定道德财务政策。道德财务政策在许多发展中国家得到了支持，投资者更愿意投资那些有道德政策的企业，消费者也更愿意购买有社会责任感的企业的商品，员工也更愿意在声誉好的企业就职。道德框架一般由以下内容构成。

（1）正直诚实。企业成员应该在所有商业关系中保持正直诚实。

（2）客观公正。企业成员不能存在偏见。

（3）尽职尽责。企业成员在提供职业服务中必须尽职尽责，并且符合职业水平要求。

（4）保守秘密。企业成员应遵守保密协议。

（5）行为规范。企业成员应当遵纪守法，不使企业声誉受损。

第七章 金融创新及其影响分析

第一节 金融创新概述

一、对金融创新的认知

金融创新由来已久，但一直没有一个统一的定义。20 世纪 60 年代以来，世界范围内掀起了金融创新的浪潮。一批西方经济学家陆续从不同角度提出了各具特色的金融创新理论。在这一理论与实践的发展进程中，金融创新被人们赋予了越来越丰富的内涵。

创新是一种新的生产函数，将未出现过的生产要素与原有生产条件相结合，再将新组合直接引入生产系统。简单来说，创新包含了五个方面的内容：一是发现新产品；二是探索新工艺；三是新资源整合；四是全新市场开发；五是新的管理方式以及组织的创建，也被称为组织创新。

金融创新可以分为以下三个层面。

一是金融创新的宏观层面。很多国内外的经济学家将金融创新理解为金融历史中的一个伟大革新，金融行业的发展过程即金融创新的历史，金融业的每项重大发展都离不开金融创新。从金融行业的发展历史来看，金融创新涵盖的范围非常广泛，且时间跨度也更长，从货币信用发展以来，每一次技术、产品、制度、服务、管理方式等的变革都是金融创新的体现。

二是金融创新的中观层面。金融创新的中观层面其实是一种金融组织的功能变化，出现在 20 世纪 60 年代。我们可以将金融创新定义为：随着经济环境的不断变化，金融进程中存在很多内部矛盾变化，政府以及金融组织为适应此种矛盾变化，将生产经营风险进行转移或降低，进而达到金融整体的营利性、流动性和安全性，并在潜移默化中更改金融媒介作用，不断更新创立更高效的资金营运形式的历程。中观层面的金融创新主要包括制度创新、技术创新及产品创新。中观层面的金融创新对金融创新的研究对象进一步具体化，且将时间范围限制在 20 世纪 60 年代以后，是大多数金融创新理论所使用的概念。

三是金融创新的微观层面。有一部分金融研究人员认为金融创新仅限于金融工具方面的探索创新，这种看法属于金融创新的微观层面。我们根据金融工具的差异对金融创新进行微观层面的划分，包含创新信用对象、探索发现新的风险转移对象以及增设新的流动产物和股权工具。

二、金融创新的动因理论

20 世纪 70 年代以前，金融创新理论首先作用于实体经济以及产业经济。后期因为经济不断发展，金融市场以及金融服务发生变革，其需求也不断增多，直接与金融管理产生矛盾，因此金融界推出了金融创新理论。从此以后，金融理论中增加了创新理论。金融创新主要包含创新原因、创新体系、创新作用。当前，金融创新理论在金融发展以及经济发展中占据重要地位，并逐渐自成一体。

对于金融创新来说，其原因说明是根本，针对创新理论探索以及其原因分析，各学者均有自己的看法，其中大家普遍认可的理论主要是"外因说"以及"内因说"。之所以被称为外因说是因为研究对象为外部环境，针对外部原因对金融制度以及创新技术进行分析，阐述金融创新的各项原因；而内因说侧重从金融企业内部寻找原因，认为金融企业为了满足更多的市场需求、降低自身风险、追求更大的利润，会对生产技术（包括新产品和新方法）和生产组织（制度）做出改进。

（一）外因说理论

1. 技术推进理论

技术推进理论认为金融创新的主要原因为新技术的出现及其在金融行业的应用，尤其是计算机技术和互联网等技术的发展。银行业新技术的采用和扩散与市场结构的变化密切相关，新技术的采用是金融创新的主要因素。但由于研究对象过于集中，仅限于自动提款机，而未涉及电信设备方面的技术革新与金融业创新的相关研究，如网上银行。

新技术的产生和发展对金融发展的推动贯穿整部金融史。尤其是 20 世纪

60 年代以来，以计算机为核心的信息通信技术在金融行业的应用使金融业务更好地实现了跨区域和跨时间的延伸，为金融创新提供了物质和技术上的根本保障。早期金融活动的开展受制于信息有限性、交易成本过高等问题，而随着计算机的出现和信息技术的不断发展，新技术在金融行业的应用使信息传播速度加快，金融市场中的投资者、筹资者和监管者获得信息的时间缩短，金融活动的时间和空间更大了，金融服务的效率得到大幅度提升，金融行业的经营成本和交易成本迅速降低。但是，技术进步为金融创新创造条件的同时，也为金融发展带来了新的风险。

2. 货币促成理论

货币促成理论中曾提到，对于金融创新来说，货币因素是其创新变化的首要来源。20 世纪 70 年代之后，世界金融环境发生了很大变化，为了规避货币因素变动带来的风险，西方国家不断减少金融管辖，解放金融经济发展，不断探索创新科技，减少风险管理，进而使得金融衍生产品以及创新工具得到快速发展。

3. 制度改革理论

制度学派的学者认为，金融创新与社会制度关系密切，是伴随社会制度的变化而发展的。和外因说中的其他理论对比，制度学派增大了金融创新的含义，增加了金融业务以及制度方面的创新，扩大了金融创新理论的研究范畴。

对于金融创新来说，制度学派将其含义划分为两个方面。一方面，对于金融制度的创新来说，在政府管理和相关事项干涉中已有所涉及。比如，为了使金融体制更加稳定以及应对收入不均的问题，政府出台了保险制度等相关制度，这些均属于金融创新。另一方面，政府对金融市场和相关主体的监管活动阻碍金融市场的自由发展与利益创造，为了规避和摆脱政府监管活动，市场会自发进行创新活动，寻找新的利润点。

（二）内因说理论

内因说理论侧重从金融企业内部寻找原因，认为金融企业为了满足更多的市场需求、降低自身风险、追求更大的利润，会对生产技术（包括新产品和新方法）和生产组织（制度）做出改进。

1. 财富增长理论

财富增长理论认为，金融需求的增加是金融创新的主要动力。经济在高速发展过程中会使人们的财富有所增长，进而会产生金融投资、交易等方面的需求，从而刺激金融创新的发展来满足日益增长的金融需求。对金融行业的发展历史进行研究可以发现，个人财富的增加导致人们对风险规避的需求增加，进而促进金融行业的创新和发展，使金融产品和资产进一步丰富。

财富增长理论成立的前提是金融创新环境的宽松化发展，否则金融监管将成为金融创新的最大阻力。所以该理论对金融创新的解释过于片面和单一，无法对 20 世纪 70 年代以后产生的金融创新活动进行较好的解释。

2. 约束诱导理论

约束诱导理论认为金融创新的动力来自供给方面。金融机构面临两方面的金融约束：一是外部的管理控制，包括金融的外部环境变化产生的金融约束和机会成本的增加；二是内部强加的约束，主要指金融机构为了保证运营安全遵守的流动性、安全性等指标对金融企业的运行效率和利润增长带来的影响。金融业为了回避或摆脱其内部和外部约束，不断进行金融工具和服务品种、交易方式、组织方式和管理办法等的开发创新。

3. 规避管制理论

规避管制理论认为金融创新产生的原因是金融机构获取更高利润的同时想要躲避政府的管理。对于金融机构来说，政府对于它们的管理与限制可以说是另一层面的税收，在一定程度上限制了金融机构的部分盈利机会与活动实施，所以说，金融机构创新也是在一定程度上躲避政府的制度管理。

外在的市场力量会通过设置规章制度对金融机构进行管理控制，从而影响金融企业的利润最大化，而金融企业会通过创新来逃避政府的管制。而金融创新又会产生新的风险和危机，导致金融监管方面有新的管制。创新引起管制，而管制又引起新一轮的创新，两者互相促进和影响，导致金融创新不断发展，以及金融行业不断进步。规避管制理论是对约束诱导理论和制度改革理论的中和。

在 20 世纪 90 年代末期以前，相较于其他理论，规避管制理论能够更加全面地解释国际金融创新的实际现象，因此规避管制慢慢变成了金融创新的主要形式，同时在此基础上关于金融创新的监管辩证法应运而生。监管辩证法认为，金融创新与监管之间存在着一定的循环，也就是说是一个"监管—创新—再监管—再创新"的过程，同时运用斗争模型理论对金融创新的内涵及原理进行了阐述。20 世纪 90 年代末，金融创新活动中出现了一些规避管制理论不易解释的现象，这也是当时金融创新的一个新特性。

（1）金融创新活动的范围进一步扩大，深度进一步加深，呈现学科交叉特性。金融创新的内容逐渐超越传统的金融范畴，如信用、货币等方面的创新，绿色金融发展起来，天气、碳排放量、污染等因素成为金融创新的主要领域。同时，非金融机构在金融创新和新型服务的提供上表现得越来越积极，金融集团和企业集团的金融子公司成为金融创新的主要力量。

（2）金融创新市场的发展逐渐从原有的微观层面扩增到宏观层面，如今各国出现的金融问题甚至是经济问题等，均可应用金融创新理论来解决，这也是大多发展中国家以及新兴市场经济国家对于宏观金融经济进行管理的主要方式。如很多发展中国家对于财务透明以及行业管制方面管理的较少，导致大量国外资金在注入本国的时候较为困难，因此很多国家开始实行 GDP 债券，在拓展市场的同时不断创新。

三、金融创新的类型

（一）创新金融制度

（1）分业经营制度向混业经营制度的转变。金融制度的创新主要指金融机构在组织方式或经营管理方式上的变革。金融机构的变革起源于银行等金融机构的建立及其在发展过程中职能的转变。目前，世界各国银行制度类型大致有四种：一是复合的中央银行制度，又称大一统的银行制度；二是混合的中央银行体制；三是单一的中央银行制度；四是跨国中央银行制度。

（2）金融机构在管理方面逐渐有了成熟的制度，并逐渐统一。不同于投资银行的是，商业银行有其特有的信用功能，所以说世界各国对于商业银行的管理以及限制方面要比非银行金融机构更加严格，如对于市场准入方面的限制、活期存款不得支付利息的限制、存款最高利率的限制、不同存款准备金率的差别限制等。在金融业不断发展的过程中，非银行金融机构进行了大胆创新与发展，使其在数量规模以及金融种类方面扩大，业务范畴以及业务形式方面也得到了扩展。基于整体国际经济形势以及市场环境的不断变化，各国在商业银行以及非商业银行之间采取措施，在管理方面逐渐统一，致使这两类金融机构在整体金融市场中的份额与地位逐渐平衡。

（二）创新金融传统业务

（1）负债业务的创新。负债业务创新是一种新的形式，不同于传统业务，开拓了新的金融路径。对于商业银行来说，新型存款账户的出现更适用于各种客户的需求，更加个性化。商业银行负债的范围、用途多样化。

（2）资产业务的创新。商业银行的资产业务创新主要表现在贷款业务上，具体表现在四个方面：贷款结构的变化；贷款证券化；与市场利率密切联系的贷款形式不断出现；贷款业务表外化。

（3）资产负债表外业务创新。商业银行的资产负债表外业务是指商业银行在不涉及账上资产与负债变动的情况下，通过投入一部分人力、物力而改变当期损益增加收益率的业务活动。其实质就是在不扩大资产与负债的同时只收取手续费和佣金的业务。随着金融业竞争的加剧、科学技术的不断发展和银行趋利避险的本质要求，表外业务得到普遍重视，不断进行业务创新，并迅速发展起来。典型的表外业务创新有贷款证券化、担保、承诺、支持性信用证等。

（三）创新金融市场

1. 海外金融市场

海外金融市场所代表的是境外的国家货币情况，包含金融存放款、债权发行及买卖或者筹资投资等，也被叫作外币存放市场或者离岸金融市场，还有一种称呼为欧洲货币市场，因为其源头是欧洲。对于创新金融市场来说，欧洲货币市场是一种全新的市场形式，具有以下特点：第一，不存在国家管理，没有对应的法规对其进行约束，相对自由；第二，出现了新的金融汇聚地，扩大创新市场；第三，银行之间的成交金额增加；第四，其存取款利息对于资金的存借款人均非常有利；第五，属于非居民之间的借贷关系，也就是说只涉及国外投资以及筹资人员。

2. 证券化抵押市场

20 世纪 80 年代金融市场的重要创新是证券化抵押市场的形成和发展。证券化在 20 世纪 70 年代已经出现，在 20 世纪 80 年代得到迅速发展，在抵押贷款证券化的基础上，出现了以抵押贷款为基础发行的证券的二级市场，这一市场称为证券化抵押市场。随着银行资产证券化的发展，各种新型抵押债券的发行，使得这一市场更加繁荣。证券化抵押市场由于发行者一般具有实力雄厚、信用级别高、安全性高的特点，同时收益也较高，对投资者具有吸引力，因而成为成功的金融市场创新。

3. 金融衍生市场

金融衍生工具的交易在 20 世纪 20 年代早已出现，最早的是由股票交易所引入的股票期权交易。20 世纪 70 年代中后期，债券期货、国库券期货、利率期货、股票指数期货的推出，使新型的金融市场——期货市场宣告形成并在全球迅速发展。

（四）创新金融工具

1. 风险转移型创新工具

（1）价格风险转移型创新工具。价格风险转移型创新工具可以减少资产价格变动的风险或转移这类风险。汇率和利率的波动加剧，使得这类创新工具在金融市场上很受欢迎。价格风险转移型创新工具主要有可调整利率抵押、浮动利率抵押、背对背贷款、金融期货及期权、互换及定期利率协议、票据发行便利等。

（2）信用风险转移型创新工具。信用风险转移型创新工具可以减少和转移金融资产信用状况因非正常恶化而导致的风险。大量国际事件使许多金融资产的信用状况恶化，引起对信用风险转移型创新工具的大量需求。信用风险转移型创新工具主要有无追索权的资产销售、贷款互换、证券化的资产、可转让贷款合同、信用证、票据发行便利等。

2. 流动性增强型创新工具

流动性增强型创新工具的功能是增强金融资产和金融工具的流动性，使本来无法流动的资产变成可转让的资产，从而提高其流动性。流动性增强型创新工具除证券化的资产、可转让贷款合同、票据发行便利外，还有闲置余额投资账户、其他先进管理技术、货币市场互助基金以及其他可流通的货币市场工具等。

3. 引致信用型创新工具

引致信用型创新工具的功能是能帮助使用者增加进入某些信贷市场的机会，从而提高其获得信用的能力。引致信用型创新工具，或利用现有资产获得新的融资能力，或直接提供新的贷款来源，或通过互换间接提供这种来源。

引致信用型创新工具主要有零息债券、垃圾债券、股权参与性融资、住宅股权贷款等。

4. 引致股权型创新工具

引致股权型创新工具的功能是对债务性质的资产给予股权特征的效果。引致股权型创新工具数量较少，典型的工具是"债务—股权"互换和受托可转换债券。

在众多的创新金融工具中，最主要的创新金融工具有四种：互换、期权、票据发行便利和远期利率协议。随着时间的推移和实际金融交易活动中的各种特殊需要，可以有许多不同的创新形式，以及它们与其他金融工具相互组合而形成的新的金融工具形式。

第二节　金融创新的影响与挑战

一、金融创新的影响

金融创新容易导致货币的再次定义和货币层次系统的复杂化，进而在货币自然流通的周期与频率上也有较为深刻的影响。如果对货币乘数修正，用其自身乘数与流通速度的逆向关系调整，那么必然导致流通速度的降低。

（一）金融创新中货币流通速度的模型

1. 交易型货币数量的模型

对于交易型货币流通的公式，传统的货币流通理论认为，经济大环境中，货币的需求量往往与其所满足的货品量呈现出正向关系。如果用费雪的交易公式来表示，就是"$MV = PQ$"这样的简单恒等式。式中，M 表示货币的数量，V 表示其流通速度，P 表示货品的价格高低，Q 表示货品的交易数量，PQ 表示在一定的时期内某货品的交易总量。

2. 收入型货币数量的模型

随着经济社会的进一步发展，时间到了 20 世纪六七十年代，关于货币的理论上升到货币的数量理论。区别于费雪的交易公式，货币收入恒等式方程成了经济学范畴的主流，即"$MV = PY$"。对于货币的流通速度在概念上和理论上都有进一步的扩充：表示在既定的一段时间内，单位货币的流通运转包括其再生产的平均次数。

交易型的货币模型与收入型的货币模型的区别点主要是，交易型的货币模型主要通过货币的现实交易来诠释货币的流通速度与周期，而收入型的货币模型则主要在货币的收集与储藏过程中凸显货币的流通。在对货币流通速度 V 与货币供需分析的基础上，最终对货币恒等式的变化和衍生可以综合推演出货币流通速度的通用公式，即

$$M_2 V = GDP$$

（二）金融创新对货币流通的影响

1. 金融创新对货币界定的影响

纵观经济历史，关于货币理论的发展历程大致可以分为以下四个阶段。第一阶段是传统朴素的物品交换的商品货币阶段；第二阶段是有贵金属取而代之的货币流通阶段；第三阶段是用特殊符号与象征表示的货币阶段；第四阶段是信息技术下的电子货币交易阶段。在各个阶段，货币本身有实物形式、金属形式、信息电子形式、数字形式、虚拟形式等多种形式，尽管货币本身的物质形态或者实物特征各有迥异，但就其货币本身的含义和价值特征来说是一致的。就传统货币来说，都是以物换物的等价交换，但随着社会、经济、文化的进一步发展，尤其在当下信息时代的全球化背景下，货币也随机而变，随欲而变。适应是发展的必经之路。而且不同的国家有不同的经济体系和社会特征，货币的形式和理念也不是统一的，所以在经济学范畴，要保证货币形式的统一化与规制化是有一定难度的。在货币的流通周期与流通次数上，新形势下的货币定义与货币理解使之更加烦琐。

2. 金融创新对货币流通速度的影响

新形势下的金融创新对于货币的重新定义与系统重建产生着巨大的影响。尤其是在众多的新生金融分析工具下，不管是作为实物量的现金流量还是作为虚拟形态的其他货币代表都依然悄悄地发生着变化。金融创新对货币乘数来说又存在着各方面的影响，具体的影响如下文所述。

（1）对货币现金存在形式的影响。随着社会、经济、网络、信息化技术的大幅提升，加之经济市场发展的必然诉求和人们交易意识的逐渐提高，电子货币成为人们日常交易行为中最普遍和最常用的资金代表。尤其是在现今社会的社会团体、法人、个体等之间的经济关系中，电子货币基本上可以说

完全取代了传统的实物货币、贵金属货币及符号化货币。也正是因为电子化货币具有货币的真实性、空间的无限性、匿名的可行性、交易的瞬时性、失误的可溯源性、变现能力的弹塑性等优点，所以它几乎占据了目前的大部分经济领域的市场份额。货币的发展是有预见性和可测性的，就目前的态势来说，电子货币正在以非比寻常的速度侵占和扩散于社会各个角落，小至个人、家庭，大至国家，电子货币无处不在。也正因为如此，传统的货币市场占有量越来越小。通过现在分析未来金融市场，数字货币会成为主流是无可厚非的。但是传统货币被数字货币全盘替代，这种绝对的推测也是不切合实际的。即便在未来各经济实体的经济往来主要依据信息化的数字货币，保存一定的传统货币对其经济行为抵抗风险的能力也有一定的提升。

（2）金融创新会对货币的层级与货币的乘数产生一定的影响。货币的层级数量与货币之间相互转变产生的交易成本大小有关，就当下经济现状分析，各类货币交易成本越来越低，进而货币的层级越来越多，层级与层级之间甚至越来越模糊。各类金融产品不断出现，这些产品往往具有一定的交易性和替代性，所以在市场中渐渐被默许为货币的衍生替代品。

对于金融创新下的货币流通速度所受到的影响是可以从不同的角度来分析与理解的。对货币流通速度影响最大的三个因素包括现金遗漏损失率的减少、可替代性的资产比重增加以及超额准备率的逐步降低。如果要使货币流通速度增大，那么数字货币在市场上占有比重的增加是直接诱因。就目前来说，金融市场上还存在很大一部分活期存款，这部分存款和电子货币一样都有很强的流动性，所以预测在未来一定时期内，两者相互替代的可能性不是很大。

二、金融创新的挑战

新时代下，金融风险和金融危机有了新的变化。在众多风险中，道德风险是最具代表性的新时代金融风险。道德风险是指在当下社会经济领域或金融机构从业的管理层、领导层对于自我利益的无限放大，而不顾企业乃至法制产生的道德危机或品行风险。近些年来，由于市场化开放政策的放宽以及城市化与全球化对经济的诉求，金融市场的行为得到了极大的自主化与共融化，但是这样的政策也势必会让个别人群或者机构产生种种不法之念，如故意无底线放宽相关政策、在客户信用评价上弄虚作假，如此做法的不断积累，最终将导致危机的爆发。

（一）金融创新规避制度监管的目的

道德风险与危机主要来自相关制度的缺陷和不足。经济学家认为，经济人是在相关的经济制度下施展行为要素的，如果没有完善的制度，那么人的行为也不能得到充分的保障。而对于金融创新来说，其内在的动力引擎就是突破旧体制，摒弃和回避以往对金融有限制和有约束的规章制度。换句话说，金融创新就是市场诉求在和市场机制相融合的过程中反抗旧有制度时产生的。新形势下的金融创新与金融制度或者金融监管是对立统一的关系，金融要发展必然需要金融制度的有力监管，不然方向会偏移，甚至产生恶性的金融风险，金融监管往往反过来制约金融的创新。

败德现象的产生是金融监管不力或者故意规避监管而产生的必然结果。当监管的规章制度相对滞后时，钻其空、取其利；金融系统因为某种诉求要保留其自身的特殊性，不对市场公开相关的产品信息，那么失信的问题将损其声誉；如果监管力度不够，或者监管制度不善，那么很容易变相地引导一些不道德因素的产生。

通过对金融监管方式和模式最终效果的得失分析得出，在微观的视角去引导和解决金融问题是有极大难度的，因而宏观的法律和道德制度就被反衬得异常重要。

（二）金融创新引发的金融风险转移

创新是对未知世界的探求，其根本特征是不确定性和风险性。创新同时又能抵御一定的风险，金融创新的原动力之一是规避金融风险，金融创新的特点是将诸多风险以不同的组合方式再包装，相对于传统金融业务，这种方式更加复杂。它对单个经济主体提供风险保护的同时却将风险转移到了其他更多的经济主体上，如果经济主体都想转移同一方向的风险，风险就会集中爆发，给金融体系造成严重危害[①]。

金融市场的扩大和繁荣靠投资者数量的增加，金融机构为取得更大的利益、规避投资风险，通过金融创新吸引更多的投资者参与市场，同时也使金融机构的风险转移到投资人身上，致使投资人的利益受到损害。对于投资人

---

① 张晓哲，张海静，陆凯. 财务管理与金融创新［M］. 北京：中国纺织出版社，2018.

而言，他们的投资行为也是受利益驱使的。他们能接受金融创新并承受道德风险源于对投资收益的预期，在此前提下，投资者为了获取更高的收益愿意承担风险。当无论金融创新的主体还是高风险倾向的投资者都追求收益最大化时，就出现了共振和同向效应，这使得金融创新发起者金融风险的转移成为可能。

（三）金融创新导致信用体系变化

金融创新导致了银行信用体系的风险。信用风险是对方无法履约偿还借款而造成的损失，这既包括金融机构又包括投资者。金融机构既要有信用，又要追求效益和利益，如果追求效益和利益的动机占了上风，就会出现信用危机和道德危机。

金融机构的内在脆弱理论认为，商业银行要发挥作为金融中介的作用必须满足两个条件：其一，储蓄者任何时候都可以提款，对银行充满信心；其二，银行能够在众多的项目中筛选出效益较好的项目。简言之，银行首先要有信用，其次要能提供给投资者盈利的产品。银行从产生之日起就是与信用紧密相连的，信用是其安身立命之本。金融产品创新是银行业竞争的结果。为吸引更多的资金，银行在监管无效的情况下从事高风险行业，创造出繁杂的金融创新产品。创新产品的复杂性、链条的间接性、预期的不确定性以及信息的不对称性，导致信用的脆弱性和无效性。

次贷危机的起因是资产证券化产品，它们是以商业银行传统的信贷资产作为基础资产的，而证券化之后，其影响范围超过了传统的商业银行领域。金融创新使得各种金融机构原有的分工限制模糊、交叉，职责难以区分和控制，不受旧的信用体系的约束，大量开展投机业务，以增加利益来源。金融创新改变了原有的信用承诺体系，使信用度降低，这种创新模式没有保证投资者在分配中获益，失去了应有的承诺和保障，导致投资者的利益在无形中受到损害①。

---

① 郝云. 金融创新与道德风险控制［J］. 上海财经大学学报（哲学社会科学版），2009（5）：10 - 14.

第八章 货币与货币制度

第一节 货币的起源与发展

一、货币的起源

货币自产生至今已有几千年的历史。货币的出现是与商品交换相联系的，货币是商品交换长期发展过程中分离出来的特殊商品，也是商品交换发展的自然结果。在原始社会后期，由于社会生产力的发展，原始公社之间出现了最初的实物交换。随着生产的进一步发展，商品交换逐渐变成了经常性的行为。

在世界各地出现的商品交换大致经过了两个阶段：一是简单的物物直接交换；二是通过一定媒介的交换。简单的物物直接交换将买方和卖方局限于同一时间和空间，致使双方只有同时需要对方的商品，且在价值量上基本相等时，交换方能进行。直接的物物交换中常会出现商品转让的困难，这种客观上的局限性阻碍了经济的发展。随着商品交换的进一步发展，人们逐渐发现，如果先用自己的商品去换取一种大家普遍愿意接受的物品，然后再拿这种物品去交换能满足自己需要的商品，就会使商品交换顺利进行。于是，借助媒介的商品交换就成了交换的主要形式。在货币史上，牲畜、兽皮、龟壳、布帛、可可豆、贝壳甚至玉米等，都曾在不同时代、不同地区充当过货币。后来，金、银、铜、铁等金属也曾长时间扮演货币的角色。

中国是世界上最早使用货币的国家之一，最早充当交换媒介的物品是贝壳。在中国的汉字中，凡与价值有关的字，大都有"贝"字，如财、贵、贱、货、资等。由此可见，贝币是我国最早的货币。

二、货币的发展

(一) 商品货币的发展

商品货币是足值的货币，即作为商品货币的各类实物和金、银、铜等金属自身的商品价值与其作为货币的购买价值相等。如一只羊作为实物，它要换回与其价值相等的一袋米，这只羊作为货币，它的购买能力同样是其自身所具有的价值，它不可能买回相当于两只羊的米。足值货币的特点是价值比较稳定，能为商品的交换提供一个稳定的货币环境，有利于商品交换的发展。

(二) 信用货币的发展

信用货币（credit money）是由国家法律规定的，强制流通且不以任何贵金属为基础的独立发挥货币职能的货币。信用货币和商品货币相对应。商品货币是足值货币，而信用货币是不足值货币。信用货币的产生与发展弥补了金属货币数量无法伴随商品数量增长而相应增长的弊端，信用货币逐渐取代了金属货币，成为货币主要的存在形式。

信用货币与商品货币相比，最显著的特征是作为商品的价值与作为货币的价值是不同的。它是通过法律确定其偿付债务时必须被接受的，即法偿货币。而且信用货币是以信用为保证，通过一定的信用程序发行、充当流通手段和支付手段的货币形式，是货币发展中的现代形态。信用货币的特征：一是信用货币是货币的价值符号；二是信用货币是债务货币；三是信用货币具有强制性；四是国家对信用货币进行控制和管理。

第二节　货币的职能

货币的职能是货币本质的具体表现，是商品交换所赋予的，也是人们运用货币的客观依据。交易的媒介与流通手段和支付手段职能相对应；价值的贮藏与货币贮藏职能对应；世界货币是货币在世界市场上执行一般等价物的职能。由于国际贸易的发展，货币流通超出一国的范围，在世界市场上发挥作用，于是货币便有了世界货币的职能。

一、货币的交易媒介职能

货币在商品流通中充当交易媒介时发挥交易媒介职能。这一职能的发挥首先需要货币将商品的价格表现出来，即货币是计价单位。货币产生后，物物交换变成了以货币为媒介的商品交换：商品所有者将其生产的商品卖出，换回货币，然后用货币去购买其所需要的商品。在商品的买卖过程中，商品是被卖家带进交易过程并力求将其换成货币的，而买家一旦用货币买进商品，商品就会退出交易过程。在商品进进出出的同时，货币作为交易的媒介为交易服务。以货币作为媒介的商品交换是一个连绵不断的过程，这个过程被称为商品流通，充当媒介的货币被称为交易媒介，马克思称之为流通手段。如果商品交换中出现延期支付的情形，货币则成为延期支付的手段。

二、货币的支付手段职能

当货币不是作为交换的媒介，而是作为价值的独立运动形式进行单方面转移时，发挥的就是支付手段职能。货币的支付手段职能源于信用关系的产生与发展。随着商品交换的发展，商品的转让往往与商品价值的实现在时间上、空间上相分离，出现商品转让在先、货币支付在后的情况，买卖双方也由平等交易关系转化为债权债务关系，如商品的赊销。在这种商品买卖行为相分离的情况下，货币不再是商品流通中的媒介，而是补足交换的一个独立环节，此时货币发挥的是支付手段职能。没有商品在同时、同地与之相向运动，是货币发挥支付手段职能的基本特征。

货币的支付手段职能出现后，一定时期流通中需要的货币量也相应地发生了变化，因为作为支付手段职能的货币同发挥交易媒介的货币一样，也是处于流通过程中的现实货币。因此，流通中需要的货币量不仅包括作为交易媒介的货币量，还包括作为支付手段的货币量。随着经济的发展，货币的支付手段职能也扩展到了商品流通之外，在借贷、财政收支、工资发放以及租金的收取等活动中，货币都发挥着支付方法的职能①。

---

① 范金宝，王爽. 金融学 [M]. 哈尔滨：哈尔滨工业大学出版社，2014.

三、货币的财富贮藏职能

货币的财富贮藏职能是指货币退出流通领域被人们当作社会财富的一般代表保存起来的职能。在足值的金属货币流通条件下，人们把金银当作财富贮藏起来。货币作为贮藏手段，具有自发调节货币流通的作用，当流通中的货币供给量大于商品流通所需要的货币量时，多余的货币会退出流通领域；当流通所需要的货币量不足时，贮藏货币会重新加入流通中。贮藏货币就像蓄水池一样自发地调节着流通中的货币供给量，使它与商品流通相适应。

随着银行券和信用货币的出现，金属货币逐渐被信用货币代替，当信用货币成为能够与其他一切商品相交换的媒介时，它便成了社会财富的一般代表，即现代人采取银行存款、储蓄以及储存纸币符号等形式。但这种"暂歇"在人们手中的货币不是储藏货币，它仍被计入市场货币流通量之中。对企业和个人来说，这些方式虽具有积累和储存价值的意义，但从整个社会角度来看，并不意味着有与之对应的真实价值退出流通过程。因此，信用货币也就不能自发地调节流通中的货币量，贮藏手段职能实际上也就不存在了。但人们贮藏金银的传统并没有完全消失，虽然如今各国货币已经完全割断了与黄金的直接法定联系，但人们依然愿意保有一定的黄金作为投资的一种方式。

四、货币的计价单位职能

货币的价值尺度职能是衡量和表现商品价值的职能，是货币的最基本、最重要的职能。正如衡量长度的尺子本身有长度，称东西的砝码本身有质量一样，衡量商品价值的货币本身也是商品，具有价值；没有价值的东西，就不能用来表现、衡量其他商品的价值，不能充当价值尺度。但随着现代货币流通的发展，各国都已普遍使用信用货币，而信用货币，如纸币仅是货币符号，本身没有价值，也就不具有完全意义上的价值尺度职能。然而，货币作为商品价格的客观反映，是用货币自己的符号来执行职能，但是，货币符号本身需要得到社会公认，而纸币是靠国家的强制力得到这种公认的。

各种商品和服务在进入交换前，必须对其进行标价，否则交换将难以进行。货币作为计价单位，就是指用货币去计量商品和服务的价值，并赋予商品、服务以价格形态。货币要发挥计价单位职能，为商品和服务标价，其自身也需要有一个可以比较不同货币数量的单位。

第三节 货币制度

一、货币制度的构成要素

货币制度简称"币制"，是指国家以法律形式对货币的有关要素、货币流通的组织和管理等进行的一系列规定。随着商品经济的发展，货币制度也在不断演变。

货币制度的形成经过了漫长的历史发展过程，最早是伴随着国家统一铸造金属货币产生的，但早期的货币制度比较混乱、多变和不完善。主要表现在：第一，货币材料多用贱金属且不止一种金属充当货币，价值较低；第二，铸币权分散，货币流通具有地方性特点；第三，铸币质量不断降低，即铸币的实际质量减轻、成色降低。货币流通的混乱使正确计算成本、价格、利润和广泛建立信用联系产生了困难，不利于资本主义生产和流通的发展。为了清除这种障碍，资产阶级在取得政权后，先后颁发了有关货币流通的法令和规定，从而改变了货币流通的混乱状态；在实施各种法令和法规的过程中逐步建立了统一、完整的资本主义货币制度，形成了以国家为主体的货币制度。

二、货币的材料及单位

货币材料也称币材，是国家用法律规定哪种或哪几种商品（可能是金属，也可能是非金属）作为充当货币的材料。货币材料的不同也是区别不同货币制度的主要标志，一种或几种商品一旦被规定为币材，即称该货币制度为该种或该几种商品的本位制。它是一个国家建立货币制度的首要步骤。例如，用金、银或金银共同作为货币材料就分别形成金本位制、银本位制或金银复本位制。虽然做货币的材料是由国家法律规定的，但国家的规定仍受客观经济条件的制约。国家不能随心所欲地指定某种商品为货币材料，只是对已经形成的客观现实从法律上加以承认，这样的状况在历史上曾经存在过很长时间。

随着货币金属的确定，当用货币作为计价单位为商品和劳务标价时，货币自身也需要有一个可以比较不同货币数量的单位，这就要求货币本身必须有一个量的规定，称为货币的价格标准，也就是货币单位（money unit）。国家对货币单位的规定通常包括两个方面的内容：规定货币单位的名称和货币单位的值。

（1）规定货币单位的名称。各国法律规定的货币单位名称通常以习惯形成的名称为基础。按照国际惯例，一国货币单位的名称往往就是该国货币的名称，当几个国家同用一个货币单位名称时，则在前面加上国家名，如美元、日元、加元等。我国货币单位有些特殊，货币的名称是人民币，货币单位的名称是元。

（2）规定货币单位的值。规定货币单位的值是货币制度中的重要内容。在金属铸币时期，确定货币单位的值就是规定一个货币单位所包含的货币金属的质量和成色；在信用货币时期规定货币单位的值主要表现为确定或维持本国货币与世界主要货币的比价，即汇率的问题。

三、流通中货币的种类

一个国家的通货，通常分为主币和辅币两种。主币又称本位币，是一个国家流通中的基本货币，一般作为该国法定的价格标准。本位币的最小规格是1个货币单位，如1元、1英镑等，比一个货币单位大的货币也是本位币。在金属铸币流通条件下，规定货币单位的值就是规定每一货币单位所包含的货币金属质量和成色，因而这样的货币是足值的货币，它的实际价值与名义价值是一致的。但货币在流通过程中不可避免地会发生自然磨损，导致实际价值下降，成为不足值货币。为此，各国对本位铸币都规定了磨损公差，即被磨损铸币质量下降的最大幅度，超过这一幅度的铸币被收回重铸；反之，在公差范围内的铸币则可继续流通。

在现实交易中，由于商品价格和服务价格付费达不到1个货币单位或在1个货币单位之后有小数，辅币制度由此产生。所谓辅币，是指小于1个货币单位的货币，其面值多是本位币的等份，一般是1%、2%、5%、10%、20%、50%等几种，如我国人民币的1分、2分、5分、1角、2角、5角等，主要用于商品交易中不足1个货币单位的小额货币支付。辅币是不足值货币，其实际价值低于名义价值，但是它与主币可以按照法律规定的固定比例自由兑换，以保持其按名义价值流通。在金属货币制度下，辅币多由贱金属铸造，铸造不足值货币的收益归国家所有。在信用货币制度下，1个货币单位以上的现钞也被称为主币。贵金属铸币虽然退出了流通，但辅币制度保留了下来，由于本位币和辅币都是价值符号，因此也就没有足值与不足值之分了。

四、流通中货币的支付能力

国家一般通过法令的形式对流通中各类货币的支付能力进行规定。按支付能力的不同，货币可分为无限法偿货币和有限法偿货币。

（1）无限法偿货币是指法律赋予这种货币流通的权力，不论每次的支付数额为多大，不论属于何种性质的支付（购买商品、支付服务费、结清债务以及缴纳税款等），收款人均不得拒绝接收。也就是说，无限法偿货币具有法律规定的无限偿付能力。金属货币制度下的本位币和信用货币制度下的中央银行发行的不兑现的银行券都具有无限法偿能力。

（2）有限法偿货币是指偿付能力有限的货币，即在一次支付行为中，超过一定的金额受款人有权拒收。在金属货币流通条件下，辅币具有有限法偿能力。

五、货币的铸造发行及其准备制度

在金属货币制度下，货币的铸造有自由铸造与限制铸造之分。自由铸造是指按照法律规定，公民有权把货币金属送到国家造币厂请求铸成铸币，其数量不受限制。在欧美等地区的主要资本主义国家，足值的本币基本上实行自由铸造制度，即公民有权把法律规定的金属币材送到国家造币厂，由造币厂代公民铸造货币，国家造币厂在替公民铸造货币时，只收取很低的费用，甚至不收取费用。经造币厂铸造的货币保证了流通中金属货币的质量。同时，国家也允许公民随意将铸币融化成金属块。

自由铸造的经济意义体现在它可以使铸币的市场价值与其所包含的金属价值保持一致：即当流通中货币数量增多时，就导致铸币的市场价值偏低，"经济人"就会把部分铸币融化为贵金属而退出流通，流通中铸币数量的减少会引起铸币市场价值的回升，直至与其所包含的金属价值相等；反之，人们就会把法定金属币材拿到国家造币厂要求铸造成金属货币，这样，流通中的货币数量就会增加，铸币的市场价值随之下降。因此，自由铸币制度可以自发地调节流通中的货币量，保持币值稳定，起到稳定物价的作用。

限制铸造是针对辅币而言的，即辅币的铸造由国家垄断。在金属货币制度下，由于辅币为不足值货币，铸币面值高于铸币金属的实际价值，但铸币按面值在市场中流通，因此，铸造辅币可以获得铸币收入。国家为避免铸币收入旁落，以及避免辅币数量过多而引起混乱，便垄断了辅币的铸造。

货币发行准备制度是指中央银行在发行货币时必须以某种金属或某几种形式的资产作为其发行货币的准备，使货币发行量与某种金属量或某些资产建立起联系和制约关系，这是约束货币发行规模、维护货币信用和稳定一国货币价值的基础。

第九章　信用、利息与利率

第一节　信　用　概　述

信用是一种体现特定经济关系的借贷行为。在金融学上，信用是指以偿还和付息为条件的借贷行为，信用是价值单方面的转移，是价值运动的特殊形式。信用是商品经济发展到一定阶段的必然产物，在社会再生产过程中处于分配环节。现代信用活动的直接标的物是货币，货币的借贷活动体现了社会资源的合理配置。随着商品经济的逐渐发展，对货币资源余缺配置的要求就会增多，信用逐步成为商品社会的一种普遍经济活动。

经济学中所讲的信用与人们在日常生活中所讲的信用有所不同。日常生活中人们所讲的信用是从道德理论方面来进行解释的，注重言之有信的行为。而经济学中的信用是指商品货币背景下的一种借贷行为。所谓的借贷，是指商品或货币的所有者把商品或货币暂时让渡（贷出去）给有需求的人，并约定到期由商品或货币的借入者连本带息一起归还给商品或货币的所有者。

一、信用的特征

（一）偿还性与流动性特征

（1）偿还性。偿还性是指信用活动中的债务人必须按照约定，在规定的时期内按时归还本金和利息的行为。如果债务人在未取得债权人允许其延期归还本息的情况下，未能到期归还债权人的本金和利息，则构成违约，需承担相应的违约赔偿责任。

（2）流动性。流动性是指某种金融产品能够迅速变现而不会使资产所有者遭受损失的能力。流动性一般与金融产品的期限成反比，偿还期限越长，该产品的流动性越小；相反，偿还期限越短，该产品的流动性越大。流动性与信用活动中债务人的信用能力成正比，债务人的信誉度越高，流动性越大；相反，债务人的信誉度越低，流动性越小。

（二）收益性与风险性特征

（1）收益性。收益性是指信用行为能够在一定期限内给让渡资本使用权的所有者带来利息收入。收益的多少可以通过利率来反映。

（2）风险性。风险性是指信用活动中，债务人不能按时履约，未能按照约定归还债权人的本金和利息，或者由于其他原因给债权人带来损失的可能性。信用活动中的风险包括市场风险和信用风险。市场风险是指信用产品市场价格波动而给投资者带来损失的可能性。信用风险是指债务人不能按期归还债权人的本息而给债权人带来损失的可能性。

（三）信用是有条件的借贷行为

信用作为一种有价借贷行为，债务人（借款人）到期必须偿还债权人（出借者）的有价物，并按规定向债权人支付一定的利息。信用的这一特征和财政分配有所不同，财政分配是无偿行为，而信用所体现的借贷行为必须有借有还，到期还本付息。

在生活中，有一些借贷行为并不属于信用行为。比如，由于政治或其他目的的无息借贷（政府的捐赠行为）不属于信用行为。但是，并不是所有的无息借贷都不是信用行为，经济活动中也存在着一些属于信用行为的无息借贷。在市场经济条件下，信用最基本的条件就是偿还本金和支付利息。

（四）信用体现债权与债务的关系

信用是商品经济中的一种借贷行为，商品或货币所有者暂时让渡其使用权而成为债权人，商品或货币需求者则成为债务人，借贷双方有着各自的权利和义务。这种债权债务关系起源于商品的赊销和货币的预付行为，但随着投融资行为和信用制度的逐渐发展，债权债务关系已经渗透到经济生活中的各个角落。

（五）信用是一种特殊的价值运动

价值运动的一般形式是"商品—货币—商品"。在商品买卖活动中，商品所有者让渡自己的商品所有权和使用权，获得货币；而商品购买者则相反，通过支付货币，获得商品所有权和使用权。这种商品买卖活动是等价交换活动，即买和卖是在同一时间完成的。

但是在信用活动中，商品和货币的所有者只是让渡商品的使用权，并没有让渡其所有权，遵循着有价物从债权人手中转移到债务人手中的原则，是价值的单方面转移，商品或货币的贷出者（债权人）将商品或货币贷出去与收到商品或货币有一定的时间差存在，到了约定的偿还日期，债权人才能收回本金和利息。因此，信用是价值运动的特殊形式。

二、信用的产生

随着货币支付手段职能的发展，信用逐渐衍生出来。剩余产品的出现推动着信用的产生，而信用产生的必要条件是私有制。原始社会末期衍生出了一种特殊的经济现象，即社会财富在不同的经济行为主体之间进行分配，但是，由于生产力的发展和社会分工的出现，劳动产品出现了剩余，有的经济主体拥有大量闲置的某一商品，而又需要其他的一些商品，于是，交换开始成为日益频繁的一种现象，这种情况加速了原始公社的瓦解和私有制的产生。

产品剩余必然存在时间与空间上的不平衡性，即贫困家庭被迫向富裕家庭借贷，以维持生活，信用便随之产生。可见当时的信用是建立在产品剩余的基础上的，产品剩余是私有制经济运行的前提。最早的信用活动是实物借贷，如种子、牲畜等。随着物物交换被以货币为媒介的商品流通所取代，信用活动的形式日益多样化，不仅表现在商品的信用购销中，而且表现为货币的借贷。

三、信用的作用

（一）集中与积累社会的资金

在经济的运行发展过程中，部分行业存在着资金闲置的现象，而部分行业则资金紧缺。为了调节资金的余缺，现代经济的增长需要信用将社会闲置的、分散的资金集中起来，再将这些聚集起来的资金投放到需要资金的企业，投放到生产环节，以促使经济健康、有效地运行。同时，通过信用活动，银行可以将城乡居民手中的闲置资金集中起来贷给有需求的企业，银行的这一行为相当于将居民的消费资金变成了企业的积累资金。

（二）促进利润平均化

在社会主义市场经济环境下，信用的分配职能主要是在一定程度上对生产要素进行分配。如果分配的对象是实物，则它是对生产要素的直接分配；如果分配的对象是货币，则它是对生产要素的间接分配。因为在市场经济条件下，实物随着货币走，货币是一般等价物。所以，调剂货币的余缺实际上是对社会生产要素进行再分配。信用还可以对生产成果进行分配。由于信用的有偿性，在货币借贷活动中，债务人需要向债权人支付利息，这种利息的支出就是对原有分配成果的再分配。

信用资金调剂余缺的职能不是简单的平均分配，而是按照经济规律的要求，将资金从使用效益差、效率低的企业、部门和地区调往使用效益好、效率高的企业、部门和地区，从而减少了效益差、效率低的企业、部门和地区的资金占用和浪费，增加了效益好、效率高的企业、部门和地区的可占用资金数量，最终使效益差、效率低的企业、部门和地区的资金利润率有所上升，效益好、效率高的企业、部门和地区的资金利润率有所下降，从而使全社会的利润率水平提高。同时，资金的余缺调剂还会迫使效益不高的企业提高盈利水平，从而促使全社会资金利润率的平均化，促进国民经济健康、均衡发展。

（三）加速资金的周转

通过信用聚集各种闲置资金，再合理地将资金进行投放的方法，将大量原本处于相对静止状态的资金运转起来，这对于加速整个社会资金的周转起到重要作用，并且利用各种信用形式和信用工具，还能节约大量的流通费用。各类金融机构对资金进行集中管理也减少了现金保管费用。

（四）调节经济的运行模式

信用是国家调节宏观经济和微观经济的重要杠杆。在宏观上，信用活动能够调节货币流通规模和速度，使其不断适应经济社会的发展需要，如调节贷款规模、利率等。信用活动还能够促进生产布局和产业结构的调整，使资金从效益差、利润率低的部门、企业、项目，向效益好、利润率高的部门、企业、项目流动。在微观上，信贷政策的调整，如优惠利率制度，能够促使企业加强管理，提高企业资金使用效率，提高经济效益。

四、信用工具

信用关系的建立最早是通过口头协议的方式表现出来的：口头方式对双方的约束力不大，导致经常发生违约现象，于是人们便将债权债务关系以记账的方式记录在账簿上，使其有据可依。现代信用活动中的信用工具较多，主要有票据、债券和股票。票据是短期信用工具，债券和股票是中长期信用工具。

（一）短期信用工具

1. 支票

支票是指以银行为付款人的即期汇票。支票是出票人签发的，委托办理支票存款业务的银行或者其他金融机构在见票时无条件支付确定的金额给收款人或持票人的票据。支票的关系人涉及出票人、收款人和付款人。支票的出票人必须是在银行有足够存款的客户，否则签发的就是空头支票；支票的付款人只能是银行，不能是企业或个人。

2. 本票

本票是出票人签发的，承诺自己在见票时无条件支付确定的金额给收款人或者持票人的票据。本票的当事人有两个，即出票人和收款人。本票是出票人自己无条件付款的书面承诺，付款人就是出票人自己。我国法律规定，本票自出票之日起，付款期限最长不能超过2个月。

按照不同的分类标准，本票分为两类：按照出票人的不同来划分，本票分为商业本票和银行本票，商业本票的出票人是企业或个人，银行本票的出票人是银行；按照收款人的不同来划分，本票分为记名本票和不记名本票，早期的商业本票是指在商品交易中或赊销活动中使用的票据，随着市场经济的发展，现代的商业本票主要是指信用级别较高的企业或金融机构在金融市场上发行的以信用为担保的短期票据。

3. 汇票

汇票是出票人签发的，委托付款人在见票时或者在指定日期无条件支付确定的金额给收款人或持票人的票据。汇票是一种命令凭证，必须是书面的。

汇票是一种要式证券，法律对汇票所记载的必要项目有明确的规定。汇票需要记载的必要项目有：标明"汇票"字样；无条件的支付命令；出票日期；付款期限；一定金额的货币；付款人名称；收款人名称；出票人名称和签字。除了必要项目，汇票还可以记载一些其他项目，如出票地点、付款地点、利息条款、无追索权条款等。

汇票的当事人有基本当事人和其他当事人两种。汇票的基本当事人是指在汇票签发时在票面记载的当事人，主要包括：

（1）出票人。汇票的出票人是开立、签发和交付票据的人。出票人是第一个在汇票上签名的债务人。

（2）付款人。汇票的付款人是汇票命令的接受者，即受票人，是汇票出票人在汇票中指定的、接受票据提示以付款的当事人。

（3）收款人。汇票的收款人可以是出票人本人，也可以是银行，收款人是第一个持有汇票的主债权人。

汇票的其他当事人是指除出票行为外，在其他票据行为中产生的当事人，主要包括：

（1）承兑人。汇票的承兑人是指在远期汇票上签字并承诺付款的付款人。汇票不需要承兑或在未进行承兑前，出票人是主债务人；汇票经过承兑之后，承兑人是第一债务人，出票人是第二债务人。

（2）背书人。背书人是指在票据背面签字之后，将票据转移给其他人的当事人，也称票据的转让人。汇票可以经过背书进行转让。持票人在汇票的背面签名和记载有关事项之后，可以将汇票进行转让。汇票的转让是连续行为，即汇票可以进行多次背书转让。

（3）被背书人。被背书人是指从背书人手里接受票据的当事人，也称票据的受让人。被背书人可以被明确记名，也可以不记名。

（4）持票人。持票人可以是收款人和背书人，是指持有票据的当事人。

（5）保证人。汇票的保证人是指对汇票所记载的债务进行担保的当事人。保证人必须是除票据债务人之外的当事人。保证人对票据债务进行担保，必须指明被保证人，当被保证人无力偿还债务时，由保证人进行偿还，被保证人可以是出票人、承兑人或任一背书人。

（二）中长期信用工具

1. 债券

债券是政府、金融机构和工商企业等依照法定程序向投资者发行的，并约定在一定期限内还本付息的债权债务凭证，每种债券都必须包含期限和面值两部分内容。

期限是指债券的偿还期限，债券是一种契约，债券发行人需要在约定的期限内清偿发债所带来的债务。债券可以分为短期债券、中期债券和长期债券三种。短期债券的偿还期限在 1 年（不含 1 年）内；中期债券的偿还期限为 1 至 10 年（含 10 年）；长期债券的偿还期限为 10 年以上。

面值是指债券的票面价值。因为债券到期时需要按照相应的金额来计算利息，所以债券需要在券面用某种货币来标明票面金额，此金额作为到期时的偿还本金并据以计算到期时的利息。但是，债券的面值并不等同于债券的发行价格。按照债券的发行价格，可以将债券的发行分为平价发行、溢价发行和折价发行。当债券的发行价格与债券的面值一致时称为平价发行；当债券的发行价格高于债券的面值时称为溢价发行；当债券的发行价格低于债券的面值时称为折价发行。

2. 股票

股票是股份有限公司在筹集资本时向投资者发行的股份凭证，用以证明投资者的股东身份，也是投资者获得股利的权益凭证。股票作为资本市场上的一种信用工具，具有以下特性。

（1）风险性。股东持有股票的最大目的是获取利益，可以通过公司利润的分配和转让股票两种方式来获取利益。但是公司的经营有盈有亏，股票的买卖交易也存在盈利和亏损的两面性。所以，股东持有股票是存在风险的。

（2）永久性。股票是一种无偿还期的有价证券，投资者持有某公司发行的股票后，便成为该公司的股东，在该公司存续期间，投资者不能退股。如果投资者想将持有的股票变现，只能在资本市场上出售股票。

（3）决策的参与性。股票持有者作为公司的投资者，有权参与公司的股东会议，并有相应的表决权。

第二节　信用的形式

一、消费信用

所谓消费信用，就是企业或金融机构向消费者个人提供的用于消费目的的信用。消费信用既结合了商业信用，又借助银行信用实现。主要有以下几种形式。

（1）信用卡。信用卡是银行或专门的发卡机构发给资信良好的消费者的一种信用凭证。持卡人可凭卡在发卡机构指定的地方消费，也可以向银行存取现金。信用卡最大的优点就是可以透支消费，有一定的免息期，是向消费者提供的一种短期循环信用。

（2）分期付款。分期付款是消费者购买商品或享受相关服务时，只需先支付一部分款项，然后按照合同条款分期支付剩余款项的行为。分期付款形式多用于购买房屋、汽车及各种高档耐用消费品。在采用分期付款的方式时，往往还会结合信用卡，利用各银行推出的一些信用卡的优惠活动。

（3）消费贷款。消费贷款是指银行或其他金融机构直接贷款给消费者用于购买耐用消费品、住房及支付旅游费等。按贷款发放对象的不同，消费贷款分为买方信贷和卖方信贷。买方信贷是对消费者发放贷款，卖方信贷是对商品销售者发放贷款。消费贷款属于长期消费信用。

（一）消费信用的基本特点

（1）单笔信贷授信额度小。因为消费信用是直接发放给消费者个人的款项，比起向工商企业及其他经济组织发放贷款而言，授信额度要小得多。

（2）消费信用具有非生产性。消费信用是为了刺激消费者的消费需求，拉动社会整体消费，并不用于扩大生产。

（3）消费信用期限较长，风险较大。消费信用的主要形式是分期付款和消费贷款等，所以期限普遍比较长；而且消费信用是借款给消费者进行消费的，不用于生产，还款保障是消费者的收入，所以风险较大。

（二）消费信用的作用分析

（1）消费信用可以提高人们的消费水平。人们的消费能力受收入水平的制约，而消费信用可以使人们通过借款满足当前的消费需求，如分期付款可以使消费者动用一部分未来的收入购买当前没有能力购买的消费品（如房屋、汽车、家具等），改善了人们的生活条件，提高了人们的消费水平。

（2）消费信用在一定条件下可以促进消费品的销售，从而促进经济增长。消费信用提高了社会的整体消费能力；而消费需求又刺激了产品的生产和销售，提高了企业的经济效益。所以，消费信用既提高了社会的总需求水平，又促进了社会的经济增长。

（3）消费信用可以引导消费，调节消费结构。一国的消费结构和生产结构有一个相互适应的过程，利用消费信用可以引导消费结构向适应生产结构的方向发展，使社会的各项消费支出活动均衡发展。

（4）消费信用可以促进新技术的应用、新产品的销售及产品的更新换代等。消费信用解决了居民购买耐用消费品与收入不足之间的矛盾，既提高了居民的生活水平，又激励企业不断利用现代新科技来改善耐用消费品的生产，促进了生产力水平的提高和新产品的研发及销售。

消费信用除了具有上述作用之外，在一定情况下也会对经济发展产生不利影响。消费信用的过度发展会造成一些消费品的生产规模盲目扩大，导致经济不稳定，从而产生通货膨胀和债务危机。

二、商业信用

所谓商业信用，就是企业之间以赊销商品或预付货款等形式提供的，与商品交易直接相联系的信用，是现代信用制度的基础。其主要表现形式有两种：一是提供商品的商业信用，如企业间的商品赊销、分期付款等；二是提供货币的商业信用，如在商品交易基础上发生的预付定金、预付货款等。伴随着商业信用，出现了作为债权债务关系证据的商业票据。

（一）商业信用的特点及作用

（1）商业信用的借贷物是商品资本。商业信用是以商品形态提供的，贷出去的是产业资本循环过程中的商品资本。商业信用不同于单纯的商品买卖，而是赊销商品，即卖方先将商品让渡给买方，买方再在一定期限内将款项支付给卖方。

（2）商业信用具有社会普遍性、自发性和分散性。商业信用是在商品经营者之间以商品形式进行的，其主体（债权人和债务人）都是以营利为目的的工商企业，即不仅债务人是从事生产或流通活动的企业，而且债权人也必须是企业，因为只有它们才有商品赊销给别人，成为债权人。工商企业是社会经济活动的主体，因此，商业信用具有社会普遍性，是现代经济中最基本的信用形式。商业信用发生在众多企业之间，因此很难预测何时发生、与谁发生及在何处发生，往往是随机的。

（3）商业信用主要依靠商业票据建立信用关系。商业票据作为债权债务的书面凭证，是结清信用关系的凭证，具有法律效力。商业票据可在背书后转让流通，也可在背书后向银行贴现以取得货币资金。

（4）商业信用是一种直接信用。商业信用活动中的债权人和债务人都是企业生产经营者，双方的信用活动是直接进行交易。在发达的商品经济中，工商企业间存在着种种稳定的经济联系。购买方如果缺乏必要的货币资本，在不存在商业信用活动的经济社会中，这种联系就会受到阻碍；如果卖方能够提供商业信用，则生产和流通过程会比较顺畅。所以，商业信用能够加速货币资本在买卖双方之间的循环和周转，使商品经济交易中的买卖双方能够最大限度地利用产业资本和节约商业资本，从而促进整个社会生产和流通的发展。

（二）商业信用的局限性分析

（1）商业信用在规模和数量上有一定的限制。商业信用的操作以商品买卖为前提条件，因此商业信用的规模受到个别企业商品买卖数量的限制，而生产企业的生产规模受到所出售商品数量的限制。

（2）商业信用在范围上有限制。商业信用只适用于有商品交易关系的企业，并且一般在信用能力较强、经常来往、相互信任的企业间进行。而在没有买卖关系的企业间，或者在对彼此信用能力毫无了解的企业间，不容易产生商业信用。

（3）商业信用在方向上有限制。商业信用一般都是卖方向买方提供，受商品流转方向的限制，存在严格的方向性。

（4）商业信用在期限上有限制。商业信用受企业生产和商品周转周期的限制，一般只能解决短期资金融通的需要，属于短期信用。

三、银行信用

所谓银行信用，是指银行及其他金融中介机构以货币资金为运营对象，以吸收存款、发放贷款等形式向企业提供的信用，其运营形式还有开出汇票、支票、开立信用账户等。银行信用是在商业信用发展到一定程度时才产生的间接信用，它克服了商业信用在信用规模和信用期限上的局限性。银行信用具有的特点如下。

（1）银行信用是一种间接信用。银行信用的资金源于社会中有资金剩余的各部门，银行通过吸收存款的方式将社会中的闲置资金聚集起来，再通过发放贷款的形式将货币资金投放给社会中有需求的工商企业或个人。对于存款者而言，银行是债务人；对于借款者而言，银行是债权人。资金的供需双方通过银行获得了各自所需，但相互间不发生直接的联系，所以，银行是货币资金供需双方之间的桥梁，起中介作用。

（2）银行信用是以货币形态提供的。信贷资金是从产业循环中独立出来的货币，银行作为中介部门，既吸收存款，又发放贷款，能够满足社会中资金余缺调剂的需求。

（3）银行信用具有综合性。银行信用可以聚集社会各界的闲置资金，也可以向社会各界的资金需求者提供资金，所以，银行信用可以综合反映国民经济的运行情况，促进国民经济的协调发展。

（4）银行信用的可控性强。中央银行可以通过经济手段、行政手段和法律手段对银行信用的规模、数量和方向加以调节控制。银行信用是现代经济中的主要信用形式，银行是社会资金运动的枢纽。而银行业务中商业票据的承兑和贴现又促进了商业信用的发展，使商业信用和银行信用在市场经济条件下更密切地进行衔接；另外，银行业务中公债的承销与买卖促进了国家信用的发展。

四、国家信用

所谓国家信用，是国家（政府）以债务人身份，依据信用原则向社会公众和外国政府举债或向债务国放债的一种形式，包括国内信用和国外信用。国内信用就是国家以债务人的身份向国内居民、团体、企业等所取得的信用。国外信用是国家以债务人的身份向国外居民、团体、企业和政府所取得的信用，统称"外债"，或者国家以债权人的身份向外国政府提供贷款所形成的信用[①]。

（一）国家信用的基本特点

（1）国家信用安全性高，信用风险小。在国家信用关系中，国家财政部

---

① 董银霞. 金融学概论［M］. 北京：科学出版社，2019.

门作为政府的代表成为债务人，以国家（政府）的信用做担保，信誉度极高，相对于其他信用工具，政府债券的持有者几乎不承担任何风险。

（2）国家信用可以动员银行信用难以动员的资金。银行信用在吸收社会存款时，需要遵循存款自愿原则；但国家信用安全性高，在动员社会资金时，尤其是在特殊条件下具有特殊的动员作用，必要时国家可以采取强制手段或较高利率来筹集资金。

（3）利用国家信用筹集的资金一般偿还期较长。利用国家信用筹集资金是为了满足特定的财政支出需要，或为了国家和地方的重点建设项目举债，或为了社会公益事业建设借款。所以，利用国家信用筹集的资金偿还期较长。

（二）国家信用的作用分析

（1）国家信用是弥补财政赤字的重要工具。当一国出现财政赤字时可以用三种办法来解决：一是增加税收，根据一国经济发展的水平来决定税率和税收额度，税收负担不能过重，否则会出现经济低迷，甚至危及社会稳定；二是向中央银行借款，这一措施会使货币的投放数量增加，容易导致通货膨胀；三是发行国债，国债的购买者主要是企业、个人和商业银行，所以发行国债既能回笼社会中闲置的资金，也可以缓解财政赤字，而且不会增加货币供给量，不会危及经济的正常发展。

（2）国家信用是调剂财政收支不平衡的手段。在正常情况下，一国的财政在一个财政年度内经常会发生收支不平衡的现象。国家通过发行债券能够合理配置社会资金，促进经济结构的完善。

（3）国家信用是实施宏观调控的重要杠杆。国家发行的债券信誉较好，在金融市场上被普遍接受，具有较强的流动性和安全性。所以，中央银行可以通过在金融市场上发行和购买国债来实施对货币供给量的调节，以稳定货币价值，促进经济快速、健康地发展。

第三节 利息与利率

利息是在信用关系中债务人支付给债权人（或债权人向债务人索取）的报酬。利息是信用的伴随物，是借款人支付给贷款人的超过本金的那一部分金额。利息是借贷资本的价格。在以公有制为主体的社会主义社会中，利息源于国民收入或社会财富的增值部分。利息的产生与商品交换有着密切联系。在商品交换初期，借贷活动多为实物形式，利息也以实物形式存在。随着商品交换的发展和货币的产生，利息以货币形式存在。

一、利息与收益的一般形态

利息是资本所有者由于贷出资本而取得的报酬，它来自生产者使用该笔资本发挥营运职能而形成的利润的一部分。在现实生活中，利息已经被人们看成收益的一般形态。无论是借入资本还是运用自己的资本进行经营，经营者总是将自己的所得利润分为利息和企业利润两部分，并将扣除利息后剩余的部分看成经营所得报酬。因此，利率就成为一个尺度，如果投资回报率大于利率则可以投资；反之，不考虑投资。

利息作为收益的一般形态，主要是因为利息导致了收益的资本化，收益的资本化是从本金、收益、利率之间的关系中套算出来的，而利率是指借贷期内所形成的利息额与所贷资金额的比率。本金、收益和利率的关系公式为

$$r = C \div P \qquad\qquad (9-1)$$

其中，r 为利率；C 为收益；P 为本金。

利率反映利息水平的高低。现实生活中的利率都是以某种具体形式存在的。

二、利息的计算方法

如何计算利息以确定是否应该进行投资，是经济生活和金融活动中的重要问题。

（一）单利计算方法

单利是指在计算利息时，不论期限长短，仅用本金计算利息，而本金所产生的利息不再加入本金计息。计算公式为

$$I = P \times r \times n \qquad\qquad (9-2)$$
$$S = P\ (1 + r \times n) \qquad\qquad (9-3)$$

其中，I 为利息；P 为本金；r 为利率；n 为借贷期限；S 为本息之和。

（二）复利计算方法

复利计算方法是指在整个借贷期限内，每隔固定期限计算一次利息，并

将利息加入本金再计算下一期的利息，即不仅本金计息，利息也计息，俗称"利滚利"。计算公式为

$$S = P (1+r)^n \qquad (9-4)$$

$$I = S - P \qquad (9-5)$$

其中，I 为利息；P 为本金；r 为利率；n 为借贷期限；S 为本息之和。

（三）贴现利息计算方法

贴现是指将未来某一时间的资金值折算成当前的资金值。未来某一时间的终值在当前的价值又叫现值。其计算公式为

$$P = S \div (1+r)^n \qquad (9-6)$$

其中，P 为现值；S 为终值；r 为利率；n 为借贷期限。

三、利率的分类

利率是借贷期满的利息总额与贷出本金总额的比率。按照不同的标准，可以将利率划分为不同的种类。

（一）根据期限分类

根据期限，利率分为年利率、月利率和日利率。

年利率是以年为时间单位计算利息，通常以百分之几表示，俗称"分"；月利率以月为计算单位，通常以千分之几表示，俗称"厘"；日利率以日为计算单位，通常以万分之几表示，俗称"毫"。三种利率之间的换算关系是

$$年利率 = 日利率 \times 365 = 月利率 \times 12 \qquad (9-7)$$

$$日利率 = 月利率 \div 30 = 年利率 \div 365 \qquad (9-8)$$

在我国，习惯上用"厘"作为单位，但是差异较大。年息 2 厘是指年利率 2%；月息 2 厘是指月利率 2‰；而日息 2 厘是指日利率 2‰。在我国民间借贷中，还经常使用分作为利息单位。分为厘的 10 倍，如民间借贷约定"月息 3 分"，实际上年利率达到 36%。随着国际化进程的推进，目前越来越多的国家采纳了以年利率表示利率的方法。

（二）根据是否考虑通货膨胀因素分类

根据是否考虑通货膨胀因素，利率分为名义利率和实际利率。

名义利率是直接以货币表示的，没有考虑通货膨胀因素的利率。实际利率是名义利率剔除通货膨胀因素以后的真实利率，是以实际购买力表示的利率，或随通货膨胀预期的变化而调整，从而能够更精确地反映真实筹资成本的利率。名义利率与实际利率之间的关系是：实际利率＝名义利率－通货膨胀率。在市场上，只要存在物价变动，所见到的各种利率就都是名义利率，实际利率一般都是通过计算而得到的。在现实生活中，物价水平通常呈上涨趋势，一旦发生通货膨胀，就会给债权人带来损失。

（三）根据能否变动分类

根据能否变动，利率分为固定利率和浮动利率。

固定利率是指在银行借贷业务发生时，由借贷双方商定的利率，利率在整个借款期间内固定不变，不随借贷资金的供求状况和市场利率的波动而发生变化。固定利率简便易行，但有一定的风险，比较适用于短期借款或市场利率变化不大的情况。浮动利率是指在借贷期内定期调整的利率，又称可变利率，是指随着市场利率的波动而定期调整变化的利率。浮动利率可以减少市场变化的风险，对于借贷双方都比较合理，但计算利息时比较繁杂，适用于中长期贷款。我国目前允许商业银行的贷款利率在官方利率的基础上有一定的浮动，农村信用社的贷款利率浮动范围更大一些。

（四）根据决定机制分类

根据决定机制，利率分为市场利率、官方利率和公定利率。

市场利率是指按照市场规律而自由变动的利率，即由借贷资本的供求关系直接决定，并由借贷双方自由议定的利率。官方利率也称法定利率，是政府金融管理部门或者中央银行确定的、要求强制执行的各种名义利率。它是国家为了实现宏观调控目标的一种政策手段，反映了非市场的强制力量对利率形成的干预，而且该利率对所有金融机构都具有法律上的强制约束力。公定利率是指非政府部门的民间组织，如银行公会、行业协会等，为了维护公平竞争所确定的带有行业自律性质的利率，也可称其为行业利率。这种利率对行业成员不具有法律上的约束力，但作为行业成员的金融机构一般都会遵照执行。官方利率和公定利率一般只规定利率的上、下限，在上、下限之间，利率则由市场来进行调整。

（五）根据地位分类

根据地位，利率分为基准利率和市场其他利率。

基准利率是指在整个金融市场上和整个利率体系中处于关键地位、起决定性作用的利率。当它变动时，其他利率也相应发生变动。基准利率通常由一个国家的中央银行直接制定和调整。基准利率是利率体系的中心，也是货币政策的工具之一。中央银行通过调整基准利率，一方面可以直接影响商业银行的借款成本，从而达到扩张或收缩信用的目的，同时可以影响金融市场的利率水平；另一方面还会在一定程度上影响社会公众的心理预期。市场其他利率是指除基准利率以外的其他各种利率，一般是指金融机构在市场上形成的各种利率。这些利率通常参照基准利率而定。

（六）根据资金的进出角度分类

根据资金的进出角度，利率分为存款利率和贷款利率。

存款利率是指客户在银行或其他金融机构存款时所取得的利息与存款额的比率。存款利率的高低直接决定了存款人收益的多少和金融机构融资成本的大小。一般而言，存款利率越高，所吸收的资金就越多，金融机构的融资成本也就越高。贷款利率是指银行和其他金融机构发放贷款时所收取的利息与借贷本金的比率。贷款利率的高低直接决定金融机构收益的多少和借款人借款成本的高低。贷款利率一般高于存款利率，贷款利率与存款利率的差即存贷利差，它是银行利润的主要来源。

四、利率的作用分析

在现代经济中，利率是非常重要的经济变量，对宏观经济和微观经济发挥着十分重要的作用。

第一，聚集资金。合理的利率能够增强居民的储蓄意愿，银行调整存款利率对借贷资本的积累规模有较大的影响。调高银行存款利率能增加存款者的收益，从而把在生产过程中暂时闲置的各种货币资本和社会各阶层的货币收入集中起来，转化为借贷资本，形成巨大的社会资金，满足经济发展的需要。利率越高，消费的机会成本就越大，储蓄所得的利息收入就越多。所以，提高银行存款利率对聚集社会资金有重要作用。

第二，引导资金流向。利率对投资的作用体现在利率对投资规模和投资结构都有直接的影响。企业在投资时，需要借用大量的外部资本，利率作为企业融资的成本，自然也就成为影响企业融资规模的重要因素。降低利率意味着企业投资成本降低，从而刺激企业增加投资，促进整个社会的经济增长；提高利率则意味着企业投资成本上升，从而会使企业减少投资，抑制整个社会的经济增长。在间接融资条件下，利率也可以通过调节信贷规模和结构来影响投资规模和结构，并进一步影响经济的运行。

第三，稳定物价水平。利率对物价的稳定作用主要是通过调节货币的供给量与需求量来实现的。当物价水平持续上升时，中央银行可以通过提高存贷款利率和再贴现率来缩小信用规模，减少货币供给量，抑制社会总需求，从而使物价趋于稳定；相反，当物价水平持续下跌时，中央银行可以通过降低存贷款利率和再贴现率来扩大信用规模，刺激企业扩大生产，增加商品供给量，刺激社会总需求，使物价回升。

第四，提高资金使用效益。在产品成本和税金相对稳定的情况下，如果销售收入不变，企业利润的多少取决于贷款利息的多少，所以企业要加速资金周转，努力减少资金的使用和占用，减少贷款规模，取得最大利润。

第五，引导金融资产的选择。利率水平合理与否，将直接决定金融资产的定价是否合理，以及该金融资产导致的资金流动是否合理。在直接融资条件下，利率的高低影响证券价格的高低，从而成为影响融资成本高低及投资成功与否的一项重要因素。利率的变化轨迹与有价证券的变化呈反方向。调整利率可以引导人们选择不同的金融资产。

第六，平衡国际收支。在国际收支逆差严重时，提高本国利率水平，使其高于国外利率水平，既可阻止本国资金外流，又可吸收外国短期资本流入本国。一方面，降低长期利率，鼓励投资，发展经济；另一方面，提高短期利率，阻止本国资本外逃并吸引外国短期资本流入，从而在平衡国际收支的同时，抑制经济衰退。

五、利率的影响因素

在现代经济关系中，影响利率的因素较多，主要有社会平均利润率、借贷资金供求状况、货币管理当局的货币政策、通货膨胀预期、国际利率水平等。

（1）社会平均利润率。利息源于利润，是利润的一部分。平均利润率是决定利率水平高低的首要因素，利率的大小处于零与平均利润率之间，受制于利润率，利率的高低影响着借贷行为。

（2）借贷资金供求状况。作为一种特殊商品，资金的价格——利率取决于资金的供给与需求。银行作为经营存、贷、汇业务的特殊金融企业，以追求利润最大化为目的，如果银行的成本高，收益就会受到影响，所以为了追求更高的利润，银行在办理贷款业务时会提高贷款利率。同时，当资金供大于求时，利率会下降；当资金供不应求时，利率会上升。

（3）货币管理当局的货币政策。当今，任何国家的经济都不同程度地受制于政府，利率也成为国家较为重要的一种货币政策工具，而国家实行不同的货币政策对利率会产生不同的影响。

（4）通货膨胀预期。一般而言，发生通货膨胀或者预期通货膨胀率上升时，利率水平会有上升趋势。通货膨胀发生会引起货币贬值，这将为资本供给者带来一定的损失。为了避免损失，资本供给者会选择购买股票、黄金或其他保值资产，以致借贷资金市场上的资金供给数量变少。同样，预期通货膨胀率上升会刺激借贷资金的需求上升，这种借贷资金供不应求的状况又会导致利率上升；当预期通货膨胀率下降时，利率水平也会有下降趋势。

第十章　金融机构体系研究

第一节　金融机构体系概述

一、金融机构的功能及构成

（一）金融机构的功能

1. 降低交易成本

在资金融通中，金融机构能大大降低交易成本，不仅因为它们有降低成本的专长，而且因为它们规模巨大，所以能够得到规模经济带来的好处。金融机构通过规模经营，可以合理控制利率、费用、时间等，使投融资成本活动能够最终以适应社会经济发展需要的交易成本来进行，从而满足社会上迅速增长的投融资需求。此外，低交易成本使得金融机构可以向客户提供流动性服务，使客户比较容易进行交易。

2. 减少信息不对称

信息不对称所致的巨大交易成本限制了信用活动的发展，阻碍了金融市场正常功能的发挥。金融机构，特别是银行的间接融资机制的相对优势使其比借贷双方直接融资和通过金融市场融资更有效。

（1）信息揭示优势。一般的贷款人很难获取与公司借款人有关的经营和投资项目信息，特别是那些中小企业借款人。但是，无论哪类企业都必须在银行开立账户，通过对存款账户的分析，银行可以掌握借款人的收入、财富、支出及投资策略，从而更有效地确定借款人的信用风险。

（2）信息监督优势。由于对借款人行为监督的成本太高，大多数资金盈余的贷款者把监督活动委托给银行处理。银行为借款人同时提供存款账户和贷款账户，每一笔交易和资金转账都会被记录下来。因此，在持续观察和监督借款人的行为上，相比个人和金融市场，银行处在更有利的位置。

3. 为客户提供支付结算服务

金融机构为社会提供有效的支付结算服务是适应经济发展需求而产生的功能。此种服务有助于商品交易的顺利实现，并节约社会交易成本。目前，支付结算服务一般是由可吸收存款的金融机构提供的。其中，商业银行是最主要的提供支付结算服务的金融单位。

4. 风险防范与管理

金融机构通过其专业化的机制，即通过各种业务、技术和管理来解决因信息不对称而造成的道德风险问题。一是金融机构可以订立适当的契约来解决借贷双方利益背向的问题。最常用的方法就是通过一系列信贷条款来限制借款人随意地经营。二是金融机构在贷款中往往要求有抵押或担保，这可以强化借款人与金融机构的同向利益关系。

金融机构在处理信息不对称问题上所具有的相对优势，源于其在信息生产过程中的规模经济。银行在信用分析、监督和风险控制中以大量的贷款为基础，这样通过银行的信用中介的融资方式是低成本、高效率的。

（二）金融机构体系的构成

金融机构体系一般由银行性金融机构和非银行性金融机构组成。其中，银行性金融机构包括中央银行、商业银行、各类专业银行等；非银行性金融机构包括保险公司、证券公司、信用合作社、财务公司、信托投资公司、租赁公司等。

二、金融机构体系的发展趋势

随着金融创新的不断进行，金融机构的运作效率和盈利能力也在不断提高，金融机构呈现出新变化。

第一，金融机构在业务上不断创新，并向综合化方向发展。西方主要发达国家不断推出新机构、新业务种类、新金融工具和新服务项目，以满足客户的需要；同时，商业银行业务与投资银行业务相结合，使银行发展成为全能性商业银行，为客户提供更全面的服务。而非银行金融机构通过业务创新也开始涉足银行业务，各类金融机构的业务发展都有综合化趋势。

第二，兼并重组成为现代商业银行调整的一个有效手段。从 20 世纪 90 年代开始，银行业竞争加剧，如何在激烈的竞争中巩固自己的阵地、开发新领域，是当代金融业关注的焦点。因此，银行业内不断重组，以期适应形势的变化及新要求。银行间的兼并在美国表现得尤为突出。近年来，其他发达国家，如日本、德国等，甚至拉丁美洲的许多发展中国家也出现了大合并的浪潮。

第三，跨国银行的建立使银行的发展更趋国际化。银行国际化是第二次世界大战后西方各国的普遍现象，这是因为第二次世界大战后国际贸易不断发展，随着跨国公司的快速发展，为国际贸易和跨国公司提供服务的银行海外分支机构也不断增加。银行的国际化加强了各国金融市场之间的密切联系，促进了国际资金流动，也使国际金融竞争更加激烈，国际性金融风险有增无减。近年来，非银行金融机构的发展也有国际化趋势。

第四，金融机构的组织形式不断创新。金融电子化使金融服务及业务处理产生了全新的变化，同时，还为金融机构组织形式的创新提供了便利。电子化程度的提高，使金融机构在组织形式上出现了虚拟化发展的现象，如电话银行、网络银行等的出现，使客户足不出户就可以办理各种金融业务，大大方便了客户，也有力地促进了金融业的发展。

第五，银行性金融机构与非银行性金融机构正不断融合，形成更为庞大的大型复合型金融机构。在大多数西方国家的金融机构体系中，商业银行与非银行金融机构有较明确的业务分工。近年来，金融机构的分业经营模式逐渐被打破，各种金融机构的业务不断交叉，金融机构原有的差异日趋缩小，形成由原来的分业经营转向多元化、综合性经营的趋势。部分国家一直实行全能型银行业务经营的制度，如德国、瑞士的银行一直被允许经营存贷业务、证券业务和其他金融机构业务，故又被称作全能型银行[①]。

第二节 中央银行

中央银行是由国家赋予其制定和执行货币政策的权力，对国民经济进行宏观调控和管理监督的特殊的金融机构，在一国中负责制定和实施货币政策、管理经营活动，并代表政府协调对外金融关系。在现代金融体系中，各国的中央银行或相当于中央银行的机构均处于核心地位，目前除极少数特殊情况

---

① 刘旭东，赵红梅. 金融学概论［M］. 北京：化学工业出版社，2009.

外，世界各国均设立了中央银行。中央银行是在国家银行业发展过程中从商业银行中独立出来的一种银行。中央银行是各国金融机构体系的中心和主导环节。对内，中央银行代表国家对整个金融体系实行领导和管理，维护金融体系的安全运行，实施宏观金融调控，是统制全国货币金融的最高机构；对外，中央银行是一国货币主权的象征。

一、中央银行产生的必要性

中央银行的产生有两个基本前提：一是商品经济的发展比较成熟；二是金融业的发展对此有客观需求。在银行业发展的初期并没有中央银行。随着商品生产和流通的发展，市场不断扩大，银行业的竞争也日趋激烈。在这一背景下，建立中央银行制度的必要性逐渐凸显出来，于是，在一些商品经济较为发达的国家，一些原本是商业银行的金融机构开始承担起中央银行的职能，并逐步向中央银行转化。中央银行制度越来越受到各国的认同和重视，各国纷纷建立本国的中央银行。一般来说，建立和发展中央银行的必要性主要体现在以下四个方面。

（一）统一货币的需要

在中央银行制度确立之前，众多银行都有权发行自己的银行券，导致市场上流通着不同的银行券。随着货币信用业务的迅速扩展，银行数量不断增多，这种分散的银行券发行也越来越暴露出它的严重缺陷。多家银行分散发行银行券的做法已经对迅速发展的商品经济构成障碍，由一家大银行来统一发行银行券势在必行。事实上，这一过程在最开始时是自发的，某些大银行依托自身的优势，在银行券的发行中不断排挤其他的中小银行，并最终在政府的扶持下成为独占银行券发行权的中央银行。

（二）票据清算的需要

银行制度的建立和发展带来了支票等银行票据的流通，依托于银行的转账结算也成为货币流通的主要渠道。资金是经济运作的血液，票据交换（清算）若不能得到及时、合理的处置，就会严重阻碍经济的顺畅运行。因此，需要有一个更权威的、全国性的、统一的清算中心。中央银行建立之后，这一职责非常自然地就由有政府背景的中央银行承担起来了。

（三）最后贷款人的需要

商业银行在经营过程中经常会出现某些临时性的资金不足，这时，商业银行也许可以通过发行银行券、同业拆借或回购协议方式筹资，但有时这些方式并不能满足需要。这时，客观上就需要有一个经济实力雄厚的部门向商业银行提供资金支持，充当商业银行的最后贷款人，以帮助商业银行渡过难关，这对于维护银行体系的稳定是非常重要的。中央银行由于其特殊的地位及资金来源，在承担最后贷款人职能上义不容辞。

（四）金融宏观调控与监管的需要

现代经济是货币信用经济，货币信用的运行状况对国民经济的稳定与发展具有至关重要的影响，因而对货币信用的调控也成为政府宏观调控的主要内容。制定和实施货币政策，对经济运行进行干预和调节，是中央银行的主要职责。同时，银行业经营竞争激烈，银行的破产倒闭会给经济造成极大的震动和破坏。为了建立公平、高效和稳定的银行经营秩序，尽可能地避免和减少银行的破产与倒闭，政府需要对金融业进行监督管理，中央银行是最早承担起金融监管职责的机构，也是目前许多国家金融监管的主要机构[①]。

二、中央银行的组织类型

目前，世界各国和地区基本都实行中央银行制度，但其类型与组织形式存在差异。

（一）单一中央银行制

单一中央银行制是指在一国单独设立一家中央银行行使职能，领导并监督全国金融机构及金融市场的制度。具体又可以分为一元式和二元式两种形式。

（1）一元式是指在一国只建立一家中央银行，机构设置一般采取总分行制，逐级垂直隶属。目前，世界上绝大部分国家都实行这种制度，包括我国的中国人民银行。

---

① 艾永芳，孔涛. 金融学基础［M］. 北京：清华大学出版社，2020.

（2）二元式是指一国在中央和地方设立两级相对独立的中央银行机构，中央一级机构有制定货币政策与指导地方一级机构的权利，地方一级机构要接受中央一级机构的监管和指导，但它可以在本地区内行使中央银行的职能，享有独立性和自主权。这是一种带有联邦式特点的中央银行制度，典型代表有美国、德国等。

（二）跨国中央银行制

跨国中央银行制是指若干国家联合组建一家中央银行，并由该中央银行在其成员国范围内行使全部或部分中央银行职能的中央银行制度。

这种类型主要存在于参与货币联盟的所有成员国之间。跨国中央银行为成员国共同使用的货币制定统一的货币金融政策，监督各成员国的金融机构和金融市场，为成员国政府实施融资，办理成员国共同商定并授权的金融事项等。典型代表有欧洲中央银行、西非货币联盟所设的西非国家中央银行、中非货币联盟所设的中非国家银行等。

（三）准中央银行制

准中央银行制是指一国或地区并没有设立完整意义上的中央银行，而是由政府授权某个或某几个商业银行，或设置类似中央银行的机构，部分行使中央银行职能的体制。新加坡、斐济、马尔代夫，以及我国香港地区等采取这种组织形式。

三、中央银行的性质

中央银行的性质是由其在国民经济中的地位决定的，并随着中央银行制度的发展而不断变化。它已由过去集中发行银行券、解决国家财政困难的政府银行，逐步发展成代表国家调节宏观经济、管理金融的特殊机构，处于国家金融业务的核心和领导地位。

（一）中央银行是特殊的金融机构

中央银行的主要业务活动具有银行固有的办理"存、贷、汇"业务的特征，但是它的业务活动又与普通金融机构的有所不同，主要表现在以下三个方面：第一，其业务对象仅限于政府和金融机构，而不包括一般的工商客户和居民个人；第二，享有政府赋予的一系列特有的业务权利，如发行货币、代理国库、保管存款准备金、制定金融政策等；第三，与政府有特殊关系。中央银行既要与政府保持协调，又要有一定的独立性，可独立地制定和执行货币政策，实现稳定货币的政策目标。

（二）中央银行是保障金融体系稳健运行的工具

中央银行是保障金融稳健运行、调控宏观经济的工具。中央银行通过改变基础货币的供应量，保障社会总需求和总供给在一定程度上的平衡；承担着监督管理普通金融机构和金融市场的重要使命，保障金融体系稳健运行；中央银行是最后贷款人。它通过变动存款准备金和贴现率对商业银行与其他信用机构进行贷款规模和结构的调节，间接地调节社会经济活动。

（三）中央银行具有国家机关的性质

中央银行是国家最高的金融决策机构和金融管理机构，具有国家机关的性质。中央银行的国家机关的性质与一般国家行政机关有很大不同，主要表现在以下几方面。

（1）中央银行履行其职责主要是通过特定金融业务进行的，对金融和经济进行调控基本上采用经济手段，这与主要靠行政手段进行管理的国家机关有明显不同。

（2）中央银行对宏观经济的调控是分层次进行的。中央银行通过操作货币政策工具调节金融机构的行为和金融市场的运作，然后通过金融机构和金融市场影响各经济部门，市场回旋空间较大，作用也较平缓，而国家机关一般是用行政手段直接作用于各微观主体。

（3）中央银行在政策制定上有一定的独立性。中央银行既是为商业银行等普通金融机构和政府提供金融服务的特殊金融机构，又是制定与实施货币政策、监督与管理金融业、规范与维护金融秩序、调控金融与经济运行的宏观管理部门。

四、中央银行的职能

第一，中央银行是"发行的银行"。"发行的银行"是指中央银行垄断货币的发行权，是国家唯一的货币发行机构。中央银行由于独占货币发行权，才具有了和其他银行的根本区别，并且为稳定一国货币币值提供了保证。早期的中央银行获得货币发行权，主要是为了统一银行券的发行，便于货币作为商品交易媒介的流通。现在的中央银行，通过货币发行权可以调节货币供应量，稳定币值，促进经济发展。

第二，中央银行是"银行的银行"。中央银行只与商业银行和其他金融机构发生业务往来，为金融机构提供支持、服务，并对金融业的健康发展具有一定的监管责任，具体体现在中央银行的特殊金融机构性质上，办理"存""贷""汇"业务仍是中央银行的主要业务内容，但业务对象不是一般企业和个人，而是商业银行与其他金融机构。中央银行作为金融管理的机构，"银行的银行"职能具体表现在集中管理商业银行的存款准备金、充当商业银行的最终贷款人、作为全国票据的清算中心、监督和管理相关金融机构四个方面。

第三，中央银行是"国家的银行"。中央银行作为政府宏观经济管理部门之一，在实施监控和制定政策时具有一定的相对独立性，其"国家的银行"职能主要表现在以下方面：经理国库；代理国家债券的发行；向国家给予信贷支持；保管外汇和黄金准备；制定和执行货币政策；制定并监督执行有关金融管理法规。

第四，参与世界经济金融活动。中央银行为政府提供各种金融服务的同时，还要代表国家处理对外金融关系，代表政府加入国际金融组织，出席各种国际会议，从事国际金融活动以及代表政府签订国际金融协定。在国内外经济金融活动中，中央银行充当政府的顾问，提供经济情报、金融情报和决策建议。

五、中央银行的金融监管体制

金融监管体制是指金融监管的职责和权利划分的方式以及与之相配的组织制度。由于各国的历史、经济、政治状况、法律法规不同等原因，各国的金融监管体制也不尽相同。可以将世界各国的金融监管体制划分为集中监管体制和分业监管体制。集中监管体制是指金融机构的监管职责由一个机构来承担，一般这个机构是中央银行。分业监管体制是指根据金融业务范围的不同，由不同的机构分别实施对应监管的体制，一般由多个金融监管机构共同承担监管责任。分业监管体制具有分工明确、不同监管机构之间存在竞争性、监管效率高等优点；同时，由于监管机构多，也存在监管成本较高、机构协调困难、容易出现重复交叉监管或监管真空等问题。

中国的金融监管机构包括中国证券监督管理委员会（中国证监会）、中国银行保险监督管理委员会（中国银保监会），它们分别对不同金融机构进行监管。国务院证券委员会是国家对证券市场进行统一宏观管理的政府机构。

第三节　商业银行

一、商业银行的业务类型分析

商业银行的经营范围非常广泛，其主要业务可以分为资产业务、负债业务和中间业务三大类。资产业务和负债业务是商业银行的信用业务，中间业务是资产业务和负债业务的派生业务，是银行经营活动的重要内容，也是极具发展潜力的业务。

（一）商业银行的资产业务

商业银行的资产业务是指商业银行对通过负债业务所集聚起来的资金加以运用的业务，是其取得收益的主要途径。

1. 贴现业务

贴现是银行买进未到期票据的业务。贴现业务的做法是：银行应客户的要求，买进未到期的票据，银行从买进日起至到期日止，计算票据的贴现利息，从票面金额中扣除贴现利息以后，将票面余额付给持票人，银行在票据到期时，持票向票据载明的付款人索取票面金额的款项。

2. 证券投资业务

证券投资是指商业银行以其资金在金融市场上进行证券买卖。证券投资是商业银行重要的资产业务，也是其利润的主要来源之一。商业银行进行证券投资的目的主要有两个。一是增加资产的流动性，即充当第二准备。第二准备是满足商业银行流动性需要的第二道防线，当商业银行的资产不能满足流动性需要时，可抛售短期证券。二是增加银行收益。目前，商业银行投资的证券主要有国库券、中长期国债、地方政府债券、政府机构债券和公司债券等。

3. 现金资产业务

现金资产也称第一准备，是满足银行流动性需要的第一道防线。现金资产是银行资产中最具流动性的部分，是银行的非营利性资产。现金资产包括库存现金、在中央银行的存款、存放同业资金和托收未达款。

（1）库存现金。库存现金是银行金库中的现钞和硬币，主要用于应付日常业务支付的需要（如客户以现金形式提取存款等）。因为库存现金属于不生利的资产，所以银行一般只保持必需的数额。如库存现金太多，则影响银行收益，增加银行费用；库存现金太少，则不能应付客户提取现金的需求，甚至造成挤提存款，增加银行风险。

（2）在中央银行的存款。在中央银行的存款是指商业银行的法定存款准备金和超额准备金。法定存款准备金是商业银行按法定存款准备金比率，把吸收的存款缴存中央银行的部分。规定缴存存款准备金的目的主要有两个：一是保证商业银行有足够的资金应付客户的存款提现，保证存款人的利益和维护银行业的稳定；二是作为中央银行进行宏观金融调控的一种重要政策工具。超额准备金是商业银行的总准备金减去法定存款准备金的差额。由于法定存款准备金一般不能动用，商业银行能动用的只有超额准备金部分。通常超额准备金的多少决定了商业银行能够再次进行贷款和投资规模的大小。商业银行保留超额准备金的目的，主要是用于银行间票据交换差额的清算，应付不可预料的现金提存和等待有利的贷款与投资机会。

（3）存放同业资金。存放同业资金是指银行为了自身清算业务的便利，在其他银行经常保持部分存款余额。

（4）托收未达款。托收未达款是指银行应收的清算款项，具体来讲，是商业银行收到以其他商业银行为付款人的票据，已向票据交换所提出清算或已向其他商业银行提出收账，但尚未正式计入存放同业或计入在中央银行存款账户中的款项。这部分款项在收妥前不能抵用，但收妥后，或增加存放同业的存款余额，或增加该银行在中央银行准备金账户上的存款余额，成为可以动用的款项，因此与现金的作用差不多。

4. 贷款业务

一方面，贷款的规模大小和运用情况如何直接决定着银行利润的大小；另一方面，贷款的规模和结构对银行的安全性、流动性具有关键性的意义。商业银行贷款业务种类较多，可按不同的标准进行划分。

（1）按贷款期限划分，商业银行贷款可分为短期贷款和中长期贷款。短期贷款是指各种固定资金贷款期限在 1 年以内的贷款，如季节性贷款、临时性贷款。中长期贷款主要是指各种固定资金贷款、开发性贷款。

（2）按贷款的保障程度划分，商业银行贷款可分为抵押贷款、担保贷款和信用贷款。

第一，抵押贷款。抵押贷款是指借款人以一定的有价值的商品物质和有价证券作为抵押保证的贷款。抵押品包括商品或商品凭证，如提单、仓单、不动产和动产以及各种有价证券等。如果借款人不按期偿还贷款，银行可以出售抵押品。

第二，担保贷款。担保贷款是指由借贷双方以外的有相应经济实力的第三方为担保人发放的贷款。这种贷款无须提供抵押品，银行凭借客户与担保人的双重信誉发放贷款。如果借款人不能按期偿还贷款，由担保人承担偿还责任。

第三，信用贷款。信用贷款是指银行完全凭借客户的信誉，无须提供抵押品而发放的贷款。这种贷款通常是向大企业和与银行关系密切的客户提供的。由于这些客户往往资信良好、资本实力雄厚、获利能力强，商业银行对其发放信用贷款时，往往提供优惠利率。

（3）按贷款对象划分，商业银行贷款可分为工商企业贷款、农业贷款、不动产贷款和消费者贷款。

第一，工商企业贷款。工商企业贷款是指商业银行对工商企业发放的贷款。这种贷款一般在商业银行贷款总额中所占比重最大，其适用范围很广泛，从工商企业生产和流通中补充流动资金需求，到机器设备等固定资产投资需求都有可能涉及。

第二，农业贷款。农业贷款是指商业银行发放给农业企业、个体农户和农村个体工商户的贷款。短期农业贷款主要用于资助农民的季节性开支，如购买种子、化肥、农药、饲料等。中长期农业贷款主要用于改良土壤、修建水利设施、购置各种机器设备等。从整个商业银行体系来看，农业贷款的比重是比较小的。发放农业贷款的机构主要是专门从事农业贷款的专业银行和一些政府金融机构。

第三，不动产贷款。不动产贷款是以土地、房屋等不动产作为抵押品而发放的贷款。这类贷款主要用于土地开发、住宅公寓建设、大型设施购置等方面。不动产贷款的特点是期限长（通常为 10 年，最长可达 30 年），风险较大，但收益高。

第四，消费者贷款。消费者贷款是指商业银行向个人提供的用于购买消费品和支付其他各种费用的贷款。消费者贷款按用途可以分为住宅贷款、汽车贷款、助学贷款、度假旅游贷款等。根据偿还方式的不同，消费者贷款可以分为一次性偿还、分期付款与循环贷款。

（4）按风险程度划分，商业银行贷款可分为正常类贷款、关注类贷款、次级类贷款、可疑类贷款和损失类贷款。贷款风险五级分类将贷款的质量、风险，借款人的生产经营及财务状况、经营环境、抵押品、信用记录等多种因素紧密联系起来，能客观地评价借款人清偿能力的高低和贷款的风险程度，并据以评定贷款等级，具有较强的综合性、技术性和专业性。其最大的特点在于能使商业银行通过贷款的风险分类及时发现借款人存在的问题，并在贷款风险出现之前就进行监测与控制，而不仅仅是在事后对贷款风险和质量进行统计。

（二）商业银行的负债业务

负债业务是商业银行筹集资金借以形成资金来源的业务，是商业银行资产业务和其他业务的基础。

1. 银行的资本

银行的总资产减去总负债之后的余额，就是银行资本。银行资本代表了商业银行股东的所有者权益，当它等于零或者为负值时，银行便资不抵债。银行资本代表着商业银行所能承担的最大资产损失。银行资本有以下三项功能。一是营业功能。商业银行设立之初，必须拥有一定数量的资本金，资本金是商业银行生存、开展业务和发展的基本前提。二是保护功能。保护功能是指商业银行资本金在一定程度上可以使客户资金免受损失，从而在一定程度上保证银行的安全。三是管理功能。管理功能是指商业银行外部监管机构通过系列资本指标加强对商业银行的监督管理，以及商业银行自身加强资本金管理以满足银行管理当局规定的最低资本金要求。银行资本可分为两级，即核心资本和附属资本。

（1）核心资本。核心资本是由银行的自有资金构成的可由银行永久性占有的资本，主要包括：第一，股本。股本有普通股和永久非累积优先股之分。

股本实际上是银行的创办资金，即实收资本。第二，公开储备。公开储备是指银行提取的或以其他盈余方式在资产负债表上明确反映的储备，如资本盈余、留存盈余和营业盈余等项目。

（2）附属资本。附属资本是由银行可长期占用的资金形成的资本，主要有以下内容：第一，未公开储备，又称为隐蔽储备，是指虽未公开但已反映在利润表上并为银行监管机构所接受的储备；第二，重估储备，是对银行自身资产的重估，以使其更接近市值；第三，普通准备金，是为防备未来可能出现的一切亏损而设立的；第四，混合资本工具，是指带有一定股本性质又有一定债务性质的一些资本工具，如可转换债券；第五，长期附属债务，是指期限较长的资本债券和信用债券。

2. 银行借款业务

各类非存款性借入款也是商业银行负债业务的重要构成部分。银行用借款的方式筹集资金，主要有以下途径。

（1）中央银行借款。中央银行是"银行的银行"，是银行的"最后贷款人"。当商业银行资金不足时，可以向中央银行借款。中央银行对商业银行提供贷款时多采用两种形式，即再贴现和抵押贷款。再贴现是把本行办理贴现业务所买进的未到期票据再转卖给中央银行。抵押贷款是用本行持有的有价证券作为抵押品向中央银行取得借款。

（2）银行同业拆借。银行同业拆借是指商业银行之间以及商业银行与其他金融机构之间相互提供的短期资金融通。在这种拆借业务中，借入资金的银行主要用以满足本身临时资金周转的需要，期限较短，多为1~7个营业日。同业拆借一般通过各商业银行在中央银行的存款准备金账户完成，拆入银行与拆出银行之间用电话或电传方式，通过专门的短期资金公司或经纪人进行操作。

（3）国际货币市场借款。近年来，各国商业银行在国际货币市场，尤其是欧洲货币市场上通过发行大额定期存单，出售商业票据、银行承兑票据及发行债券等方式筹集资金，以此扩大国内的贷款和投资规模。欧洲货币市场自形成之日起，就对世界各国商业银行产生了较大的吸引力。主要原因在于，欧洲货币市场是一个完全自由、开放、富有竞争力的市场，该市场资金调度灵活、手续简便、管制宽松，同时该市场不受存款准备金和存款利率最高额的限制，因而其存款利率相对较高，贷款利率相对较低，所以具有交易量大、成本低、利润高等特点。

（4）结算过程中的临时资金占用。结算过程中的临时资金占用是指商业银行在办理中间业务及同业往来过程中临时占用的他人资金。以汇兑业务为例，从客户把一笔款项交给汇出银行起，到汇入银行把该款项付给指定的收款人止，中间总会有一定的间隔时间，在这段时间内，该款项汇款人和收款人均不能支配此笔款项，而为银行所占用。尽管随着银行管理水平和服务效率的提高，特别是计算机运用于资金清算调拨，银行占用客户或同业资金的周期不断缩短，占用机会也相对减少，但由于商业银行业务种类不断增加，银行同业往来更加密切，因而临时资金占用仍然是商业银行可供运用的资金来源。

（5）回购协议。回购协议是指商业银行在出售证券等金融资产时签订协议，约定在一定期限后按约定价格购回所卖证券，以获得即时可用资金的交易方式。回购协议大多以政府债券做担保，在相互高度信任的机构间进行，并且期限一般很短。利用回购协议进行资金融通，不需要提缴存款储备金，提高了实际资金利用率，将这些低成本资金用于收益较高的投资，给银行带来更高的收益。回购协议不仅成为商业银行负债管理的得力工具之一，也成为中央银行公开市场操作的重要工具。

3. 吸收存款业务

吸收存款业务是商业银行最重要的负债业务。银行的自有资本总是有限的，如果没有存款，银行的经营将受到极大限制，也不可能获得较高的收益。

（1）活期存款。活期存款是一种不需要事先通知，凭支票便可以随时提取或支付的存款，因而也称为支票存款。活期存款主要为满足客户支取方便、灵活运用的需要，同时也是客户取得银行贷款和服务的重要条件。活期存款的特点是客户可以随时存取，流动性强。由于活期存款存取频繁，银行提供服务所费成本较高，因而，世界上多数国家的商业银行对活期存款一般不支付利息或以较低的利率支付利息。

（2）定期存款。定期存款是存户预先约定期限，到期前一般不能提取的存款，是商业银行获得稳定资金来源的重要手段。定期存款的特点是稳定性强、流动性弱。定期存款的利率与存款期限的长短有密切的关系，一般存款期限越长，利率越高。定期存款多采用定期存款单的形式，也有采用存折形式的。传统的定期存款单是不能转让的，20 世纪 60 年代以后，由于金融业的竞争激烈，商业银行为了更广泛地吸收存款，推出了可转让的定期存单——可转让大额定期存单，这种存单是由商业银行或其他储蓄存款机构发行的、面额较大的具有固定期限的可转让定期存款凭证。

（3）储蓄存款。储蓄存款是城乡居民个人将其货币收入的结余存入银行而形成的存款。储蓄存款分为活期储蓄存款和定期储蓄存款两种。

近年来，随着银行业务的不断创新，存款形式越来越多，出现了模糊上述三个类别之间界线的新型存款账户，如可转让支付命令账户（Negotiable Order of Withdrawal Account，NOW）、自动转账服务账户（Automatic Transfer Service Account，ATS）、货币市场存款账户（Money Market Deposit Accounts，MMDAs）等。

第一，可转让支付命令账户。NOW 账户是储蓄账户，可以付息，但又与一般储蓄账户不同，该账户持有者可开出有支票作用的可转让支付命令，这就使储蓄账户的所有者也能享受到支票结算的便利。

第二，自动转账服务账户。ATS 账户允许银行在客户需要支付时将资金从其储蓄账户转入支票账户。支票账户无须保留余额，直到存款人需要资金、签发支票时，资金才会从储蓄账户转入支票账户，存款人一方面获得了储蓄账户的利息；另一方面又获得了活期存款账户才有的支票转账的便利。

第三，货币市场存款账户是一种创新金融工具。商业银行不必为货币市场存款账户保留法定准备金。开立这种账户，可以获取较高利息，还可以使用支票。这一账户的存款者可以定期收到一份结算单，记载有所有利息、存款余额、提款和转账支付的数额等信息。

（三）商业银行的中间业务

中间业务是指银行无须动用自己的资金，依托业务、技术、机构、信誉和人才等优势，以中间人的身份代理客户承办收付和其他委托事项，提供各种金融服务并据以收取手续费的业务。银行经营中间业务无须占用自己的资金，它是在银行的资产负债信用业务的基础上产生的，并可以促使银行信用业务的发展和扩大。

1. 代理业务

代理业务是商业银行接受客户委托，以代理人的身份代理委托人指定的经济事务的业务。

（1）代理收付款业务。代理收付款业务是商业银行利用自身的结算便利，以委托人的名义代办各种指定款项的收付业务。

（2）代保管业务。代保管业务又分为保管箱业务和代客保管业务。保管箱业务是银行利用自身安全可靠的信誉和条件，设置各种规格的保险专柜供客户租用，以帮助客户保管贵重物品的业务。代客保管业务是指委托人将贵重物品、证券文件等交给商业银行代为保管。

（3）代客买卖业务。代客买卖业务是商业银行接受客户委托，代替客户买卖有价证券、贵金属和外汇的业务。在银行的代客买卖业务中，最重要的是代理发行有价证券的业务。银行在开办这项业务时，可按一定比例从发行总额中得到一笔相当可观的收益。

2. 信托业务

信托业务是商业银行受委托人的委托，为指定的受益人转移利益，并依照契约的规定，代为管理、经营或处理财产和事务的一种业务。信托业务一般涉及三方面当事人，即委托人、受托人和受益人，由此形成的关系在法律上称为信托关系。信托关系是一种包括委托人、受托人和受益人在内的多边关系。在这个关系中，委托人提出委托，请求受托人代为管理或处理其财产，并将由此得到的利益转移给受益人。受益人是享受财产利益的人，如果没有受益人，信托行为就无效。委托人可以同时是受益人，但在任何情况下，受托人本人均不得同时是受益人。在信托关系中，受托人为受益人管理和处理信托财产，受托人不能占有信托财产所产生的收益和本金，也不承担管理和处理信托财产所发生的亏损。

为了保证受益人的利益，各国法律对信托财产运用都有限制范围，不负责任地运用信托财产而发生亏损时，受托人要负赔偿责任。受托人在管理和处理信托财产业务时，应依法取得劳务报酬，即信托报酬。商业银行的信托业务一般由银行的信托部办理，因为受托资产并非银行资产，银行在该业务中只收取手续费，所以信托部与银行在营业场所、人事配置以及会计账务等方面是完全分开的。

3. 租赁业务

租赁是指由所有权和使用权的分离而形成的一种借贷关系，即由财产所有者（出租人）按契约规定，将财产的使用权暂时转让给承租人，承租人按期交纳一定的租金给出租人的经济行为。除了传统的经营性租赁外，产生了融资性租赁（金融租赁）。目前，世界上许多公司已将利用租赁来筹资视为一种重要的融资手段。商业银行的租赁业务是资金形态与商品形态相结合的信用形式，它把"融资"和"融物"结合为一体，在向企业出租设备的同时，也解决了企业的资金需求。银行租赁业务与银行借贷业务不同的是，借贷借出的是货币资金的使用权，租赁借出的是有形资产的使用权，银行租赁业务与银行借贷业务的实质是一样的，但具体形态不同。

4. 信息咨询服务业务

商业银行自身机构多，在信息获取方面具有得天独厚的条件。银行通过对资金流量的记录和分析，对市场行情变化有着灵活的反映，再加上商业银行先进的计算机设备和齐备的人才，使得银行成为一个名副其实的信息库。现代市场经济是信息经济，任何一个企业要想在激烈的竞争中取得主动权，必须借助灵敏的信息网络。许多商业银行都设立了专门的机构，为企业提供必要的市场信息、投资决策、财务分析、技术培训等咨询服务业务，以满足企业需求，同时，银行在大力发展信息咨询服务业务中，也给自身带来了丰厚的利润。

二、商业银行经营管理的原则

第一，安全性原则。安全性原则是指银行在业务经营中应尽量减少资产风险。银行业务经营过程中的风险主要是来自贷款的信用风险和来自证券投资的市场风险，银行应尽量避免这两大风险或将其降到尽可能低的程度。银行抵御风险的安全保证依赖于两点，即银行资本金充足和银行资产结构中风险资产被控制在适当的比例以下。

第二，流动性原则。流动性原则是指银行在业务经营中应能及时满足存款人随时支取的要求。银行一旦失去流动性，立刻就会面临来自公众的信任风险。商业银行的流动性包括资产的流动性和负债的流动性。银行保持资产的流动性主要依靠两道防线：第一道防线是银行的现金资产；第二道防线是银行所持有的短期有价证券，这些有价证券可以随时在金融市场上转换为现金，所以流动性很强。负债的流动性是指银行以适当的价格取得可用资金的能力。

第三，营利性原则。营利性原则是指银行在业务经营中，在保证安全性的前提下，以利润最大化为追求目标。商业银行的盈利主要来自业务收入与业务支出的差额。商业银行的业务收入包括贷款利息收入、投资收入与劳务收入等；其业务支出包括吸收存款的利息支出、借入资金的利息支出、贷款与投资的损失，以及工资、办公费、设备维修费、税金支出等。

在实际业务经营过程中，安全性、流动性和营利性三者之间是矛盾的。首先，安全性与流动性之间是一致的，即银行信贷资金流动性越强，借贷期限就越短，安全性就越高，风险就越小；其次，安全性、流动性与营利性之间是矛盾的，安全性高、流动性强的资产，营利性就会较低。以短期贷款和长期贷款相比，短期贷款比长期贷款安全性高、流动性强、风险小，但营利性要低得多。追求盈利是商业银行经营的最终目的，但又必须考虑到信贷风险和资金的流动性要求，因此，商业银行的业务经营过程实质是处理协调安全性、流动性与营利性三者之间关系的过程[①]。

第四节　非银行性金融机构

一、金融机构中的保险公司

保险是指投保人根据合同约定向保险人支付保险费，保险人对于合同约定的可能发生的事故因其发生所造成的财产损失承担赔偿保险金责任，或者当被保险人死亡、伤残、疾病或达到合同约定的期限、年龄时承担给付保险金责任的商业保险行为。保险公司是经营保险业务的金融机构，主要经营活动包括财产、人身、责任、信用等方面的保险与再保险业务及其他金融业务。保险公司的资金来源为以保险费形式聚集起来的保险基金以及投资收益。资金运用则为保险赔付、政府公债、市政债券、公司股票及债券、不动产抵押贷款、保单贷款等长期投资。所以，保险公司是当下各国金融机构体系的重要组成部分。保险可按以下不同标准进行分类。

第一，按保险所保障的范围划分，可将保险分为财产保险、责任保险、保证保险和人身保险四大类。财产保险是指以被保险人各种有形财产为保险标的的一种保险，它补偿的是投保人的财产因自然灾害或意外事故所造成的经济损失。责任保险是指以被保险人的民事损害赔偿责任为保险标的的保险。保证保险是指一种承保被保险人在信用借贷或销售合同关系中因一方违约而造成的经

---

① 陈湛匀. 商业银行经营管理学［M］. 上海：立信会计出版社，2008.

济损失的保险。人身保险是指一种以被保险人的寿命和身体作为保险标的的保险，具体又分为人寿保险、健康保险和意外伤害保险等。人寿保险是以人的生命为保险标的，以人的生存或死亡为给付条件的一种保险；健康保险是指对被保险人的疾病、分娩及因此所致的伤残、死亡的保险；意外伤害保险是指被保险人在其遭遇意外伤害及因此导致伤残、死亡时给付保险金的保险。

第二，按保险危险转嫁的方式划分，可将保险分为原保险和再保险。原保险是保险人对被保险人因保险事故发生所造成的损失承担直接保险责任的保险。再保险也称分保，是保险机构之间的保险业务，是保险人将自己所承担的保险责任全部或部分地分给其他保险人承担的保险方式。分保后，保险公司的赔偿责任由几家保险公司共同承担，分散了责任，保证了保险公司业务的稳定性。

第三，按保险的实施方式划分，可将保险分为强制保险和自愿保险。强制保险又称法定保险，是指由国家法律或政府行政法规强制规定必须实施的保险。强制保险的保险责任是依法自动产生的，不论投保人是否实行投保手续，凡介于承保范围内的标的，责任自动产生。自愿保险又称任意保险，是指由投保人与保险人在自愿基础上通过订立保险合同产生的一种保险形式，这是一种最为普遍的保险形式。

二、金融机构中的证券公司及证券投资基金

证券公司是指专门从事各种有价证券经营及相关业务的金融机构。作为营利性的法人企业，证券公司是证券市场的重要参与者和中介机构。在许多国家，证券公司与投资银行是同一类机构，经营的业务大体相同。我国证券公司的主要业务内容有：代理证券发行；自营、代理证券买卖；代理证券还本付息和红利的支付；证券的代保管；接受委托进行证券利息和红利的支付；接受委托办理证券的登记和过户；证券抵押贷款；证券投资咨询；等等。

我国的证券公司多是由某一家金融机构全资设立的独资公司，或是由多家金融机构、非金融机构以入股的形式组建的股份制公司。近年来，随着分业经营、分业管理原则的贯彻及规范证券公司发展工作的落实，银行、城市信用合作社、企业集团财务公司、融资租赁公司、典当行以及原各地融资中心下设的证券公司或营业机构陆续予以撤并或转让。在要求证券机构彻底完成与其他种类金融机构脱钩的同时，鼓励经营状况良好、实力雄厚的证券公

司收购、兼并业务量不足的证券公司。

证券投资基金在管理部门的大力扶植下，依托高速成长的新兴市场环境，在短时间内获得了突飞猛进的发展。在基金规模快速增长的同时，基金品种创新也呈加速趋势。一方面，开放式基金后来者居上，逐渐成为基金设立的主流形式；另一方面，基金产品差异化日益明显，基金的投资风格也趋于多样化，除传统的成长型基金、混合型基金外，债券基金、收益型基金、价值型基金、指数基金、行业基金、保本基金、货币市场基金等纷纷问世。而中外合资基金从无到有，数量逐渐增加，更加引人注目，中国基金业对外开放的步伐越来越快。

三、金融机构中的信托投资公司与租赁公司

（一）信托投资公司

信托投资公司也称信托公司，它是以资金及其他财产为信托标的，根据委托者的意愿以受托人的身份管理及运用信托资财的金融机构。除专营信托公司外，各商业银行的信托部也经营着大量的信托业务。信托公司的业务活动范围相当广泛，涉及金融领域的所有业务。主营业务包括两大类：第一类是货币信托，包括信托存款、信托贷款、委托存款、委托贷款、养老金信托投资、养老金投资基金信托等；第二类是非货币信托，包括有价证券信托、债权信托、动产与不动产信托、事业信托、私人事务信托等。除信托业务外，一些国家的信托公司还有银行业务。大多数国家的信托公司兼有信托业务之外的服务性业务及其他业务，如财产保管，不动产买卖及货币借贷，公债、公司债及股票的募集，债款、息款及税款的代收代付，股票过户及债务清算等。

信托公司在经营信托业务的过程中表现出来的突出特征在于其投资性。信托投资、委托投资等属于信托公司的传统业务。信托公司的投资对象一般是国家及地方政府公债、不动产抵押贷款、公司债及股票等。

（二）租赁公司

租赁业在我国作为一个新兴行业，从独立存在转变成中国环球租赁有限公司、中国外贸金融租赁有限公司等。目前，我国的租赁公司大致可以分为三种类型：中外合资的租赁公司、中资的租赁公司、由金融机构兼营的租赁公司。

租赁公司的主要业务有：设备及工厂和资本货物的租赁、转租赁；租赁期限为1年以上的标的物的购买业务；出租物资残值的销售处理业务；与融资租赁有关的经济、技术咨询业务；经国家外汇管理局批准的外汇业务；经中国人民银行批准的人民币债券发行业务；与租赁项目有关的人民币担保业务；经中国人民银行、原对外贸易经济合作部批准的其他业务。

四、金融机构中的农村信用社

农村信用社是农村集体金融组织，特点集中体现在由农民入股，由社员管理，主要为入股社员和乡镇企业提供金融服务，坚持自主经营、独立核算、自负盈亏、自担风险的经营原则。农村信用社在两方面进行了改革：一是与中国农业银行脱钩；二是恢复农村信用社的合作金融性质。农村信用社的主要功能是为本地区经济的发展融通资金，重点为中小型企业的发展提供金融服务。

五、金融机构中的金融资产管理公司

由于旧的计划经济体制和金融体制，我国部分国有企业不能按期归还银行贷款的本金和利息，导致四大国有商业银行和国家开发银行等金融机构形成了大量的不良贷款。这种大规模的呆账、坏账已经不是银行本身所能核销解决得了，特别是面临我国经济的市场化和加入世界贸易组织的背景，国有商业银行存在着巨大的信用风险和支付危机。鉴于以上客观情况，一方面为了化解金融风险，最大限度地收回、变现不良贷款，另一方面为了推进国有企业改革，国务院成立了四家直属国务院的国有独资金融机构——中国信达资产管理股份有限公司、中国华融资产管理股份有限公司、中国长城资产管理股份有限公司和中国东方资产管理股份有限公司。

经过多年的运作，资产管理公司的成效可谓显著，发挥了积极的作用。同时，资产管理公司也在悄然转型，正在向着投资银行的方向转变。中国长城资产管理股份有限公司在追求资产处置手段多样化的同时，努力开拓投资银行业务，并将其作为提高资产处置速度与效益的一条途径。

六、金融机构中的汽车金融公司与消费金融公司

（一）汽车金融公司

汽车金融公司是指经银保监会批准设立的，为中国境内的汽车购买者及

销售者提供金融服务的非银行金融机构。国内的汽车金融公司主要有上汽通用汽车金融有限责任公司、大众汽车金融（中国）有限公司、福特汽车金融（中国）有限公司、沃尔沃汽车金融（中国）有限公司、东风日产汽车金融有限公司、一汽汽车金融有限公司等。其中，上汽通用汽车金融有限责任公司是我国首批运营的汽车金融公司，由 GMAC UK PLC、上汽通用汽车有限公司、上海汽车集团财务有限责任公司三方合资组建。上汽通用汽车金融有限责任公司专门为通用汽车、其他汽车品牌客户及汽车经销商提供融资服务。

（二）消费金融公司

消费金融公司是指经银保监会批准，在中华人民共和国境内设立的，不吸收公众存款，以小额、分散为原则，为中国境内居民个人提供以消费为目的的贷款的非银行金融机构，包括个人耐用消费品贷款及一般用途个人消费贷款，前者通过经销商发放，后者直接向借款人发放。由于消费金融公司发放的贷款是无担保、无抵押贷款，风险相对较高，因而银保监会设立了严格的监管标准。国内首批获批的消费金融公司发起人为中国银行、北京银行和成都银行，这三家公司分别在上海、北京和成都三地试点。

第十一章　金融市场体系研究

第一节　投融资活动与金融市场的发展

金融市场是资金供求双方实现货币借贷和资金融通、办理各种票据和有价证券交易活动的市场，也可以看作是交易金融资产并确定金融资产价格的一种机制。随着商品货币经济的发展，商业信用、银行信用和政府信用等多种信用形式日益发展，促进了金融市场的产生。

人们进行产业投资时，购买机器设备、原材料，雇用劳动力都需要货币；机器的广泛使用使生产规模急剧扩大，单个资本家的产业投资不能满足自身发展和生产社会化的需求，需要筹集社会资金来满足这种需求。随着社会化生产和信用的广泛发展，资金融通日益活跃，货币市场迅速发展起来。

一、投融资活动与金融市场的出现

金融投资与产业投资是经济主体为了获得未来的收益而投入资本的活动。投资的目的是获利，投资活动不仅是获利的手段，也是一个从投入到回收获利的动态过程。投资可划分为产业投资和金融投资。产业投资是投资于实体经济的活动，如投资于工业、农业、服务业等，会形成各种各样的固定资产和流动资产，通过生产经营会产生利润，从而给投资者带来相应的回报。金融投资是以金融资产为标的物的投资活动，如买卖股票、债券、外汇等的投资活动。资金余缺的并存和信用的发展加速了金融工具的产生。资金短缺的企业、政府和金融机构通过发行金融工具筹集资金，筹资者提供的金融工具成为投资的对象；资金盈余者通过买卖金融工具进行投资，成为投资主体；由此形成了金融市场的供求双方，双方通过金融市场的交易来完成投融资活动。投融资活动的需求是形成资本市场的基础。资本市场是资金供求双方借助金融工具进行各种投融资活动的场所。金融市场上的资金供给者通过购买并持有各种金融工具拥有相应金额的债权或所有权，资金需求者通过发行或卖出各种金融工具承担着相应金额的债务或责任。金融市场的发展不仅使投融资活动更为便利，而且降低了金融交易的成本，提升了投融资活动的活跃程度，满足了资金余缺双方的投融资需求①。

二、国际资本流动与金融市场

（一）国际资本流动的种类

国际资本流动是指资本跨越国界从一个国家或地区向另一个国家或地区流动。根据资本的使用或交易期限的不同，可以将国际资本流动分为长期资本流动和短期资本流动。长期资本流动是指期限在 1 年以上的资本跨国流动，包括国际直接投资、国际间接投资和国际信贷 3 种方式。短期资本流动是指期限在 1 年以内的资本跨国流动。存单、国库券、商业票据及其他短期金融资产交易、投机性的股票交易等都可以形成短期资本流动。短期资本流动可分为贸易性资本流动、套利性资本流动、保值性资本流动以及投机性资本流动等。随着经济开放程度的提高和国际经济活动的多样化，贸易性资本流动在短期资本流动中的比重在降低，但套利性资本流动、保值性资本流动以及投机性资本流动的规模越来越大，成为短期资本流动的主体。

（二）国际资本流动的原因

国际资本流动的原动力来自资本的逐利性，并要求在风险一定的前提下获得尽可能多的利润，不同的国家或地区资本回报率的差异是引起长期资本国际流动的根本原因。资本能否在各国间流动，取决于各国资本管制政策与制度。国际资本流动的主要原因有以下三个方面。

（1）实体经济原因。发达国家在经济发展过程中不断积累的过剩资本，要在更广阔的国际市场上寻找获利空间，成为国际资本的主要供给来源。同时，一些发展中国家即使国际收支状况良好，也会由于国内储蓄不足以支持经济发展所需的投资需求，形成"储蓄—投资"的缺口，同时因出口收入不足以支付进口所需而形成外汇缺口，由此利用外资弥补经济发展中的这两种

---

① 韩国文，张彻，何新安，等．金融市场学 ［M］．北京：清华大学出版社，2014．

资金缺口，构成了对国际资本的持续需求。

（2）金融原因。利率代表资金的平均回报率，各国之间的利率差异是引起资本跨国流动的金融原因。尤其是短期套利性资本对利率变化的敏感性强，流动方向一般是从利率低的国家和地区流向利率高的国家和地区。汇率变化对资本流动也有明显的影响。如果一国汇率上升，会吸引长期资本和短期资本流入。

（3）技术及其他因素。国际资本流动需要依赖一定的低成本流动路径，技术条件是决定资本流动的重要因素。电信技术在银行的广泛运用，将世界各大金融中心连为一体，单笔资本的跨洲转移可以在短时间内完成。国际资本流动的便利度和速度都大为提高。

（三）国际金融市场的作用

当国际资本流动借助于相应的金融工具或投资品种时，便形成了各类国际金融市场，主要有国际货币市场、国际资本市场（包括股票、债券等）、国际衍生品市场等。国际金融市场是指按照国际市场规则进行跨国投资活动的场所或运营网络。国际金融市场的交易对象和交易活动与国内金融市场的并无本质差异，只是交易范围和参与者往往跨越国界，其作用也有所不同。国际金融市场在经济发展中具备的独特作用如下。

1. 提供国际投融资渠道

国际金融市场将来自不同国家的筹资者和投资者紧密联结在一起，促进生产要素在世界范围内实现合理的配置。国际金融市场通过提供不同期限、不同币种、不同金额、不同利率、不同融资主体的金融工具，通过提供承诺、担保、代理、中介、咨询等全方位的金融服务，既可以为筹资者提供多种筹资渠道，使他们可以根据自己的偏好做出最佳选择，也可以为投资者提供丰富的投资手段，使他们在安全性、流动性和赢利性中做出最佳选择。

2. 调节国际收支

用于国际收支调节的国际储备可以分成自由储备和借入储备两部分。在自由储备有限的情况下，获取借入储备的能力就成为国际清偿力水平如何的决定因素。在借入储备中，来自国际金融机构和各国政府贷款的数量非常有限且限制较多，因此，在国际金融市场上融资就成为各国特别是发展中国家提高其国际支付能力的一个重要渠道。此外，借助国际金融市场进行投融资活动，也是国际资本在国际收支盈余国与逆差国之间进行平衡调节的一种方式，有助于改善各国国际收支的调剂能力。

3. 有利于规避风险

不同国家的市场参与主体在从事国际经济交易或在国际金融市场投融资过程中，会面临诸如信用风险、利率风险、汇率风险、流动性风险等金融风险。国际金融市场上金融工具和金融交易技术种类繁多，控制金融风险的机理各异，如利率远期外汇交易、外汇互换交易、金融期货交易、金融期权交易、金融互换交易、票据发行便利等金融工具和金融交易技术，可以为不同国家的市场参与者提供广阔的选择空间，他们可以在风险收益、方便程度、难易程度、回旋余地等方面进行比较，据以做出最佳选择，满足规避、控制金融风险的需要。

第二节　金融市场体系与构成

一、金融市场的类型划分

（一）按交易工具的不同期限划分

（1）货币市场又称短期金融市场，是指专门融通 1 年以内短期资金的场所。短期资金多在流通领域发挥流动性的货币作用，主要解决市场参与者短期性的周转和余缺调剂问题。

（2）资本市场又称长期金融市场，是指以期限在 1 年以上的有价证券为交易工具进行中长期资金交易的市场。广义的资本市场包括两大部分：一是银行中长期存贷款市场；二是有价证券市场，包括中长期债券市场和股票市场。狭义的资本市场专指中长期债券市场和股票市场。

（二）按交易物的不同划分

（1）票据市场是指各种票据进行交易的市场，按交易的方式主要分为票据承兑市场和贴现市场。票据市场是货币市场的重要组成部分。

（2）证券市场主要是股票、债券、基金等有价证券发行和转让流通的市场。股票市场是股份有限公司的股票发行和转让交易的市场。股份有限公司发行新股票的市场叫股票发行市场或股票初级市场，已发行股票的转让流通市场叫股票的二级市场。债券市场是政府债券、公司（企业）债券、金融债券等的发行和流通市场。

（3）衍生工具市场是各种衍生金融工具进行交易的市场。衍生金融工具包括远期合约、期货合约、期权合约、互换协议等，其种类仍在不断增多。衍生金融工具在金融交易中具有套期保值、防范风险的作用。衍生金融工具同时也是一种投机对象，由于杠杆化比率较高，其交易风险远大于原生型金融工具。

（4）外汇市场有广义和狭义之分。广义的外汇市场是指各国中央银行、外汇银行、外汇经纪人及客户组成的外汇买卖、经营活动的总和，包括外汇批发市场以及银行同企业、个人之间进行外汇买卖的零售市场。狭义的外汇市场指的是银行间的外汇交易，包括外汇银行间的交易、中央银行与外汇银行之间的交易以及各国中央银行之间的外汇交易活动，通常被称为外汇批发市场。

（5）黄金市场是专门集中进行黄金买卖的交易中心或场所。随着时代的发展，黄金非货币化的趋势越来越明显，黄金市场的地位也随之下降。由于目前黄金仍是国际储备资产之一，在国际支付中占据一定的地位，因此黄金市场仍被看作金融市场的组成部分。伦敦、苏黎世、纽约、芝加哥和中华人民共和国香港特别行政区的黄金市场被称为国际五大黄金市场。

（三）按交割期限划分

（1）现货市场的交易协议达成后在 2 个交易日内进行交割。由于现货市场的成交与交割之间几乎没有时间间隔，因而对交易双方来说，利率和汇率风险较小。

（2）期货市场的交易协议达成后并不立即交割，而是约定在某段时间后进行交割，协议成交和标的物交割是分离的。在期货交易中，由于交割要按成交时的协议价格进行，交易对象价格的升降，就可能使交易者获得利润或蒙受损失。因此，买卖双方只能依靠自己对市场未来的判断进行交易。

（四）按地域划分

（1）地方性和全国性金融市场同属国内金融市场，国内金融市场的主体都是本国的自然人或法人，交易工具也多在国内发行。

（2）区域性金融市场同国际性金融市场一样，参与者与交易对象都超越国界。参与者与交易对象的区别只在于，参与者的活动范围仅限于某一地区，如东南亚地区、中东地区，交易对象的活动范围则可以分布在世界各地。

（3）国际性金融市场按照不同的标准，可以有多种分类。按照标的物的不同，可以分为国际货币市场、国际资本市场、国际外汇市场和国际黄金市场；按照投融资方式的不同，可以分为国际信贷市场和国际证券市场。国际性金融市场中还有一种离岸金融市场，是以金融交易发生地之外的他国货币为交易对象的市场，如欧洲美元市场等。

二、金融市场的体系分析

随着经济和金融发展的不断深化，金融市场演变成了种类齐全、专业分工明确的金融市场体系。金融市场体系由多个子市场构成，子市场各具特点，都有独特的功能与作用。

货币市场上交易工具的期限都在 1 年以内，交易价格波动小、交易工具变现能力强，是风险相对较低、收益比较稳定、流动性较强的市场，对于持有人来说，相当于货币性资产。在一些国家，这类金融工具往往分别被列入不同层次的货币供给量统计范围之内，并成为中央银行最为关注的市场。

资本市场是企业、政府、金融机构等经济主体筹集长期资金的平台，主要满足投资性资金供求双方的需求。在资本市场里，股票市场和中长期债券市场最为主要。

衍生工具市场是指以各种金融期货、期权、货币互换合约等衍生工具为交易对象的场所。

（一）金融市场中的外汇市场

1. 外汇市场的类型划分

按不同的标准，外汇市场可以有多种分类，最常见的是划分为外汇零售市场和外汇批发市场。

银行与客户间的外汇交易构成了外汇零售市场。在外汇交易中，由于外汇买卖双方资信、偿还能力的差异，外汇买卖通常是由承办外汇业务的银行承担的。外汇供给方将外汇卖给银行，银行支付本国货币；外汇需求方向银行买入自己所需要的外汇。其中，对法人的外汇交易多采用转账结算，而对居民个人的外汇交易通常在银行柜台上结算，由于金额较小，笔数较多，故称为零售外汇交易。

银行同业间的外汇交易构成外汇批发市场。银行在向客户买入或卖出外汇后，其自身所持有的外汇就会出现多余或短缺，意味着有出现损失的可能性。因此银行在与客户完成外汇交易后，就会在本国银行同业外汇市场上，或在某种外币发行中心国的银行同业市场上，做外汇即期或远期的抛补，以保持银行资产负债的合理配置，保持银行外汇头寸的平衡，将风险降到最低。这种银行与银行或银行与其他金融机构之间的外汇交易就称为批发性外汇交易。

2. 外汇市场的发展

外汇市场是国际金融市场的一个重要组成部分。在外汇市场上，可以实现购买力的国际转移，为交易者提供外汇保值和投机的场所，也可以向国际交易者提供资金融通的便利，从而有效推动国际借贷和国际投资活动。外汇市场发展呈现的主要特点：一是全球化；二是复杂化。

目前，中国外汇市场由零售市场和银行间市场两部分构成。在外汇零售市场上，企业和个人按照《中华人民共和国外汇管理条例》和结售汇政策规定通过外汇指定银行买卖外汇。银行间市场则由外汇指定银行、具有交易资格的非银行金融机构和非金融企业构成。外汇指定银行是连接零售市场和银行间市场的主要机构。在新的制度安排下，外汇市场引入了做市商制度，货币当局同时增加了外汇做市商的头寸额度，中国人民银行不再直接参与外汇市场的日常交易，而是通过外汇交易商进行间接调控。由此可见，商业银行在市场供求方面的影响力增强，市场因素对人民币汇率的影响力也不断增强。

（二）金融市场中的黄金市场

黄金市场是集中进行黄金买卖和金币兑换的交易市场。黄金曾经作为货币在市场上流通，现在虽然普遍实行信用货币制度，但是各国仍然保留一定的黄金储备。当本国货币汇率大幅波动时，政府仍然会利用增减黄金储备、吸纳或投放本币的方法来稳定汇率。20 世纪 70 年代以来，黄金市场发生了变化，不但市场规模扩大，交易量猛增，而且投机活动日益频繁，黄金期货市场不断壮大。

　　黄金市场上的供给者主要是各国中央银行、黄金生产企业、预测金价下跌做空头的投机商，另外还有一些拥有黄金需要出售的企业或个人；需求者则包括为了增加本国黄金储备的中央银行、预测金价上涨而做多头的投机商，以及以保值、投资或生产为目的的企业或个人。一些国际金融组织，如国际货币基金组织，也是黄金市场的参与者。

　　黄金的价格经常发生波动，除了受供求关系影响之外，受经济周期的影响也较大。在经济复苏和繁荣时期，人们的投资欲望强烈，纷纷抛出黄金，换取纸币以追求利润，导致金价下跌；反之，在萧条或衰退期，金价上涨。另外，通货膨胀与利率的对比关系也影响黄金价格。当利息收入无法抵补通货膨胀造成的纸币贬值的损失时，就会转而买入黄金以保值，金价上涨；反之，当利息收入高于纸币贬值的损失时，金价就会受到抑制。外汇价格变动也会影响黄金价格[①]。

（三）金融市场中的保险市场

　　保险市场是以保险单为交易对象的场所。传统的保险市场大多是有形的市场，如保险交易所。随着社会的进步和科学技术的发展，尤其是信息产业的高速发展，现代通信设备和计算机网络技术的广泛运用，无固定场所的无形保险市场已经成为现代保险市场的主要形式。

1. 保险市场的类型划分

　　（1）根据保险交易对象的不同，可以将保险市场划分为财产保险市场和人身保险市场。财产保险市场为各类有形的物质财产和与有形物质财产相联系的经济利益及损害赔偿责任提供保险交易场所，而人身保险市场则为健康、安全、养老等保险提供交易场所。

　　（2）根据保险交易主体的不同，可以将保险市场划分为原保险市场和再保险市场。原保险市场是保险人与投保人进行保险交易的市场，是再保险市场存在的基础，可以视为保险市场的一级市场。再保险市场是保险人之间进行保险交易的市场。在再保险市场上，保险人将自己承保的部分风险责任向其他保险人进行保险。分出保险业务的保险人称为原保险人，接受分保业务的保险人为再保险人。再保险市场可以视为保险市场的二级市场。

---

① 李健. 金融学［M］. 3 版. 北京：高等教育出版社，2018.

（3）根据保险交易地域的不同，可以将保险市场划分为国内保险市场和国际保险市场。国内保险市场是保险人在本国范围之内从事国内保险业务所形成的保险市场，市场上的保险交易双方均为本国居民，保险交易活动受本国法律法规的约束；国际保险市场是保险人经营国外保险业务而形成的保险市场，市场上的保险交易双方分属不同的国家，交易活动受多国法律法规的约束。国际保险市场活动会引起资本的国际流动，从而影响相关国家的国际收支。

2. 保险市场的主要功能

首先，保险市场能提供有效的保险供给。保险市场提供的竞争机制能使保险经营者不断开发新险种，提高保险服务质量，满足人们的保险需要。其次，保险市场能提高保险交易的效率。保险市场有如保险产品的集散地，保险交易双方在市场上可以自由选择，公平竞争，促使保险经营者尽可能地降低交易成本，提供交易便利，从而在客观上提高保险交易的效率。再次，由于保险市场上交易双方相互作用以及保险人之间相互竞争，所以可以形成较合理的交易价格。最后，保险市场的保险和再保险业务可以为投保人、保险人提供最广泛的风险分散机制。

中国保险市场近年来得到了快速发展，保险业务品种日益丰富，保险业务范围逐步扩大，保费收入较快增长。商业保险已成为中国社会保障体系的一个重要组成部分。保险市场的发展在保障经济、稳定社会、造福人民等方面发挥了重要作用。

（四）金融市场中的金融资产交易市场

金融资产是指金融体系里的一切金融工具或金融合约。金融资产交易市场是以金融资产为交易标的的市场，在我国主要以金融资产交易所（中心）的形式出现，这里主要指地方政府批准设立的综合性金融资产交易服务平台。

我国金融资产交易市场上的交易品种十分丰富，主要包括三个方面：一是金融资产公开交易业务，包括金融企业国有产权转让、不良金融资产转让以及其他金融产权转让交易；二是金融产品非公开交易业务，包括信贷资产、银行理财产品、股权投资基金权益、信托产品的募集和凭证、资产权益份额转让等金融产品交易；三是其他标准化金融创新产品的咨询、开发、设计、交易和服务。在实际经营中，各金融资产交易平台偏向于不同的业务侧重点，并致力于开发创新型金融产品和交易模式。

三、金融市场的构成

（一）金融市场的参与者

（1）政府。政府是一国金融市场上主要的资金需求者。为了调节国库收支、建设公共工程、干预经济运行、弥补财政赤字，政府通常需要通过发行公债筹措资金。在货币市场上，政府通过发行国库券借入资金；在资本市场上，政府通过发行国债满足其对中长期资金的需求。

（2）中央银行。中央银行既是国家重要的宏观经济管理部门，也是金融市场上的重要参与者。中央银行与政府部门一样，参与市场的目的是实现国家宏观经济目标，但参与市场的方式不同。中央银行在金融市场上进行公开市场操作，通过买卖有价证券，吞吐基础货币，调节市场上的货币供应量。

（3）金融机构。在金融市场上，金融机构的作用较为特殊。首先，它是金融市场上最重要的中介机构，是储蓄转化为投资的中介机构；其次，金融机构在金融市场上同时充当资金供给者和需求者，它既发行、创造金融工具，也在市场上购买各类金融工具。

（4）企业。企业是微观经济活动的主体，是股票和债券市场上的主要筹资者，也是货币市场上的重要参与者。企业既用现金余款来进行短期投资，又利用货币市场融入短期资金以满足季节性、临时性的融资需求，还可以通过资本市场筹措长期资金，是金融市场最活跃的主体。

（5）居民。居民是金融市场主要的资金供给者。居民出于预防未来支出的不确定性或节俭等考虑，将收入的一部分用于储蓄。与此同时，居民可将储蓄资金投资于资本市场、保险市场或黄金市场，通过金融资产的投资组合，实现收益和风险的最佳匹配。居民是金融市场供求均衡的重要力量。

（二）金融市场的工具及其价格

金融市场的交易对象是货币资金。但由于货币资金的交易通常需要借助金融工具来进行，因此，金融工具就成为金融市场上的交易载体。不同的信用形式发行不同的金融工具，每种金融工具各有不同的责权利匹配，能满足资金供求双方在数量、期限和条件等方面的需要，在不同的市场上为不同的交易者提供服务，具有广泛的社会可接受性。

金融工具的价格是金融市场的一个重要构成要素。价格反映资金的供求关系，也影响和制约资金供求双方的交易活动；政府对宏观经济的调节也通过间接调控金融工具的价格来实现，因此在金融市场上价格发挥着核心作用。

第三节　金融市场的功能

一、金融市场的功能类别

金融市场在市场体系中具有特殊的地位，金融市场的运作规律和特点明显不同于其他市场，使得这个要素市场具有多方面的功能，其中最基本的功能是满足社会再生产过程中的投融资需求，促进资本的集中与转换等。具体来看，金融市场主要有以下功能。

（一）金融市场的宏观调控传导功能

现代金融市场是中央银行实施宏观金融调控的场所。第一，金融市场为货币政策提供了传导路径。中央银行通过货币市场进行公开市场业务操作，买卖有价证券以调节货币供应量；实施再贴现政策，调整再贴现率以影响信用规模。两者的实施都可以通过影响利率水平来调节资金供求，金融市场利率的变化又是货币政策的中介指标和决策的重要参考依据。第二，财政政策的实施离不开金融市场，在金融市场上发行国债，成为当代各国政府筹集资金的重要方式，是财政政策发挥积极作用的前提条件。国债的发行为中央银行提供了公开市场的操作工具，从而为货币政策创造手段。第三，金融市场的培育和成长可以为政府产业政策的实施创造条件。例如，政府可以通过设立创业板市场鼓励高新技术企业和中小企业的发展。

（二）金融市场的资源配置及转化功能

金融市场上多种形式的金融交易形成的融资活动，可以不受行业、部门、地区或国家的限制，灵活地调度资金，充分运用不同性质、不同期限、不同额度的资金，同时还能转化资金的性质和期限。例如，股票、债券的发行能将储蓄资金转化为投资资金，将流动的短期资金转化为相对固定的长期资金；证券的转让出售能将投资者的长期投资即刻转变为现金；远期票据的贴现能使将来的收入转变成现时收入。

金融市场通过收益率的差异和上下波动，通过市场上优胜劣汰的竞争以及对有价证券价格的影响，能够引导资金流向最需要的地方，流向那些经营管理好、产品畅销、有发展前途的经济单位，从而有利于提高投资效益，实现资金在各地区、各部门、各单位间的合理流动，完成社会资源的优化配置。

（三）金融市场的产品价格发现功能

金融市场金融产品的价格是所有参与市场交易的经济主体对这些产品未来收益的期望的体现。买卖双方都会根据自身立场和所掌握的市场信息，并对过去的价格表现加以研究后，做出买卖决定。市场交易具有价格发现功能。同时，金融市场上发达的通信设施能够及时反映全国各地乃至世界各地市场的价格走势。随着金融市场国际化水平的日益提高，不同市场同类产品的套利行为也使金融产品的价格日益国际化。

（四）金融市场的风险分散及规避功能

由于市场行情变化多端，资金供给者先要保证资金的安全。金融市场上有多种融资形式可供选择，各种金融工具的自由买卖和灵活多样的金融交易活动，增强了金融工具的安全性，提高了融资效率，使资金供应者灵活地调整其闲置资金的保存形式，达到既获得盈利又保证安全性和流动性的目的。金融市场并不能最终消除金融风险，但为金融风险的分散和规避提供了丰富的手段和平台。

二、影响金融市场功能的主要因素

金融市场功能的发挥程度，取决于市场的建立基础与发展方向。各国金融市场发展的历史和现实表明，金融市场只有建立在真实信用和现实社会再生产基础之上，坚持与生产流通紧密相关并为之服务的发展方向，才能在健康发展中充分发挥功能。金融市场的活动如果脱离了上述基础与方向，不仅难以发挥其基本功能，会出现不良现象，加大金融风险，破坏金融市场的正常运作和经济的稳定，甚至会引发经济危机并在国际迅速传播。金融市场一般功能的发挥，需要具备如下的条件。

（一）影响金融市场功能的内部因素

1. 国内、国际市场统一

金融市场要正常发挥功能，不能是地区分割或者行业分割的市场，否则金融资源就难以合理配置到最需要和最能发挥效益的地方。随着经济全球化和金融国际化的推进，国内外金融资源的流入与流出日益频繁，国内市场应该与国际市场连接成更大范围的统一市场。

2. 丰富的市场交易品种

交易品种的丰富程度是衡量金融市场发达程度的重要标志，也是市场功能能否发挥的重要基础。交易品种越丰富，市场参与主体的目标越容易实现，市场效率也越高；如果交易品种匮乏，有限的金融工具不但不能促进市场功能的实现，反而容易使这些工具成为金融投机的对象，阻碍市场的正常运行。

3. 健全的价格机制

健全的价格机制主要体现在两个方面：一是合理的定价机制，包括交易定价的制度安排，如询价、议价、竞价机制等；二是灵活的价格机制，即价格能够及时、真实地反映供求关系，从而能够调节资金供求双方的行为，并因此使金融资源在价格的引导下流向能支付较高价格的行业、企业，即最能够有效使用资金、最能产生效益的行业、企业。价格机制灵活还意味着政府可以通过价格的作用，增加或减少市场参与者的融资成本或投资收益，增加或减少市场上的货币供应量，实现宏观经济政策目标。

4. 技术环境的支持

在国内和国外市场一体化程度不断提高的背景下，市场的走势会在很短的时间内决定参与主体的盈亏状况以及金融资源的运用效率，也决定政府进行宏观调控的效果，这需要强有力的技术条件支撑，不仅包括各种计算机硬件和软件，也包括金融工程技术、互联网、大数据、云计算、人工智能技术等。金融市场应该是现代科学技术运用最充分的领域之一①。

---

① 刘伟锋，俞薇. 我国金融资产交易市场现状与问题研究［J］. 北方经贸，2015（7）：197－198.

（二）影响金融市场功能的外部因素

1. 健全的法制

完备的法律和规章制度是金融市场参与主体的行为规范，也是行政及执法部门的行动指南。金融市场是一个风险与收益并存的市场，高收益诱使投机者逃避监管当局的监督、管理与控制，妨碍他人的利益。全面、系统、完善的法律法规是规范市场秩序、充分发挥市场功能的基础。

2. 信息的披露

金融市场是一个信息不对称的市场。如在借贷市场上，借款人总是比银行拥有更多的有关自身的信息；在证券市场上，上市公司比投资者拥有绝对多的有关公司的信息，它们会将最有利于公司形象、最能吸引投资者的信息公之于众，将那些对公司可能产生负面影响的信息隐藏，对投资者进行误导，损害投资者尤其是中小投资者的利益。因此，金融市场比较完善的国家都将监管的重点放在证券发行人的信息充分披露上。所有规定必须披露的信息都要充分、及时、真实地披露，否则就要受到处罚。

3. 市场的有序进退

能正常发挥功能的金融市场应该是一个充分竞争的市场。从市场准入来看，在准入条件面前人人平等，不存在超市场力量（如行政权力）决定的准入标准；从市场运作过程中看，各主体能够平等展开竞争，由市场评判孰优孰劣，优者胜，劣者汰；从退出市场的角度看，淘汰者在竞争中已经失去生存能力，应该依法退出市场。

第十二章　金融监管体系研究

第一节　金融监管相关理论分析

一、金融监管的基本理论

（一）金融监管的系统论

系统论是研究系统的一般模式、结构和规律的学问，它研究各种系统的共同特征，用数学方法定量地描述其功能，寻求并确立适用于一切系统的原理、原则和数学模型，是具有逻辑和数学性质的一门新兴的科学。系统论认为，整体性、联系性、层次结构性、动态平衡性、时序性等是所有系统的共同的基本特征。这些既是系统论的基本思想和观点，也是系统方法的基本原则，表现了系统论不仅是反映客观规律的科学理论，而且具有科学方法论的含义，这正是系统论这门学科的特点。系统论的核心思想是系统的整体观念。任何系统都是一个有机的整体，它不是各个部分的机械组合或简单相加，系统的整体功能是各要素在孤立状态下所没有的新性质。要素之间相互关联，构成了一个不可分割的整体。

系统论的基本思想方法，就是把所研究和处理的对象当作一个系统，分析系统的结构和功能，研究系统、要素、环境三者的相互关系和变动的规律性，并优化系统观点去看问题。把系统论运用到金融监管中来，是把金融体系看作一个系统，从中认识金融系统的特点和规律，更重要的还在于利用这些特点和规律去控制、管理、改造或创造系统，使它的存在与发展合乎人类目标的需要。系统论的出现，使人类的思维方式发生了深刻的变化。以往研究问题时，一般是把事物分解成若干部分，抽象出最简单的因素来，然后再以部分的性质去说明复杂的事物。这种方法的着眼点在局部或要素，遵循的是单项因果决定论。

在现代科学的整体化和高度综合化发展的趋势下，人类面临许多复杂问题，系统论连同控制论、信息论等其他横断科学一起所提供的新思路和新方法，为人类的思维开辟了新的道路，它们作为现代科学的新潮流，促进各门科学的发展。

（二）金融监管的公共经济学理论

公共经济学是经济学的一个分支，它在经济人行为假定、经济决策与经济行为的产生、经济目标的确定、经济结果的分析以及对经济过程的评价上所遵循的是与经济学研究完全一致的原则和方法。公共经济学通过对政府制定经济运行政策的具体研究，力图使政府制定的发展规划更符合全民利益。这一思想在金融监管中也得到了运用，它成为金融监管理论的重要组成部分。

（三）金融监管的信息不对称理论

信息不对称是指信息在交易双方分布的不均衡性。信息不对称会导致竞争双方为了在竞争中取胜，通过控制信息来源等方法削弱或减少他人对信息的了解，从而达到打败对手的目的。

金融交易的风险源于金融市场参与者的信息的不完全性。信息是预测未来必不可少的最基本要素，因而它在理性决策中占据着重要的地位。但是，金融市场的参与者获得信息通常要付出较多的成本，并且信息在借款者和贷款者之间的分布是不对称的，因此，金融市场参与者一般不具有完全信息，而不完全信息将导致金融市场的不完全竞争。金融市场参与者的不完全信息、较高的市场准入成本和明确的市场准入限制导致金融市场的效率下降，并且有可能导致其他福利损失。

（1）贷款者的不完全信息使他们不能做出理性的贷款决策，不能有效地监督借款者。在这种情况下，如果贷款者试图通过提高贷款利率进入信贷市场，那么贷款者就可能选择对他们不利的借款者。这样，好的借款者被排斥在信贷市场之外，而那些违约风险较大的潜在借款者则可能获得贷款。这些借款者就会从事高风险的投资活动，并且他们支付的利率经过风险调整后可能并不是最高的，从而威胁到贷款者的利益。

（2）在贷款者不具有完全信息的条件下，贷款者更多地依靠的是长期客户关系。由于借款者比贷款者更了解业务的性质和风险，为了降低收集信息的成本和贷款风险，贷款者通常只对特定行业或地区的借款者发放贷款，并且很注重长期客户关系。贷款者注重长期客户关系可能导致信贷资金流向收益率较低的借款者，从而降低信贷市场分配资金的效率。

综上所述，有关监管理论是公众在应付自由市场运行失灵时采取的办法。它提倡在市场失灵时，针对自然垄断、外部效应和信息不对称性来实施管制，通过管制来矫正市场缺陷，从而保护社会公众的利益。

（四）金融监管的金融脆弱说理论

金融脆弱说理论认为银行业具有内在的不稳定性，主要表现为：第一，银行资产和负债的流动性难以配合；第二，存在信息不对称，导致存款者不可能准确监测和评估个别银行的财务状况，不可能把高流动性银行和低流动性银行、经营状况良好的银行和经营陷入困境的银行区别开来，所以，一旦存款者对银行安全产生怀疑，就会提走资金，由此形成的银行挤兑可能蔓延到有清偿能力的银行，甚至导致整个银行体系的崩溃；第三，存在个体理性与集体理性的冲突，每个人都理性行事，并不能保证加总之后的结果还是理性的。

银行业具有的这种内在的不稳定性造成了银行的脆弱性，银行的脆弱性决定了金融系统的脆弱性。金融市场失灵的突出表现是产生金融系统风险。所谓的金融系统风险，是指金融市场发生系统危机或崩溃的可能性，系统危机或崩溃是指个别金融机构或环节的问题蔓延开来，最终使整个体系的运作遭到破坏。历史上的各类金融中介机构中，银行是最基本、最重要，也是最容易引发金融危机的。在金融监管的制度安排中银行监管处于核心地位。从系统风险的角度来看，没有太大的必要对非银行金融机构采取专门措施。从保护消费者利益的角度看，采取措施加以监管仍然是必要的。金融系统的脆弱性决定了金融系统需要政府监督管理，以维持社会公众的信心，从而维持金融安全。

二、金融监管的成本与边界

（一）金融监管的成本分析

经济学要求考虑资源约束，即必须认识到实施监管也是需要耗费资源的。

这首先意味着存在一种可能性：实施管制可能是不合算的，即在贯彻实施管制条例的过程中所耗费的资源成本有可能大于实现监管目标后的收益，或者运用机会成本的概念，管制过程中所耗费的资源原本可以有更好的用处，能够带来更大的收益。由于存在这种可能性，在追求理想的监管目标时就必须考虑管制成本的因素。一般而言，可将管制引起的成本分为两类：一是管制引起的直接资源成本，包括管制机构执行监管过程中所耗费的资源与被监管者因遵守管制条例而耗费的资源；二是管制引起的间接效率损失，主要是指因被管制者改变了原来的行为方式而造成的福利损失。

（1）直接资源成本。将管制引起的直接资源成本分为由政府负担的和由企业负担的两部分。由政府负担的可以称为行政成本，由企业负担的可以称为奉行成本，也有的称为合规成本。从被监管者一方来看，因遵守管制条例而付出的直接成本包括以下方面：为按照规定保留记录而雇用专人的费用；提供办公设施和材料等方面的费用；聘请律师的费用；按照规定缴纳的各种费用，如向中央银行缴纳的存款，向存款保险公司或其他类似机构缴纳的存款保险金，向本行业监管机构建立的补偿基金缴款，自觉按规定提取的坏账准备金等。

直接成本的一个主要特点是，被管制者的行为方式并未因管制的实施而有所变化，相反，被管制者承受了这种新的外部施加的成本。但是除了这类成本之外，实际上，管制还会产生改变当事人行为的效果，这会引发一些新的成本，可以称为间接效率损失。

（2）间接效率损失。所谓间接效率损失，指的是这种成本是不易观察到的，它不表现在政府预算支出的增加上，也不表现在个人直接支付的成本的增加上，但是整个社会的福利水平因管制的实施而降低了。

（二）金融监管的边界

既然管制会导致前述种种成本，从经济学的基本原则出发，在追求金融监管的理想目标时就不应无视这些成本，无论它们是明显的还是暗含的。判断成本高低的标准是进行成本—收益分析，找到加强金融监管带来的边际社会收益刚好等于它引致的边际社会成本的那一点，这一点决定了管制边界的所在。

在金融监管这一问题上，准确衡量收益的大小要比衡量其成本的大小困难得多。首先，因为诸如金融体系的稳定、对知情较少者利益的维护，究竟会在多大程度上增进社会福利实在不易量化；其次，即使可以量化，也无法确定究竟在多大程度上是有效金融监管之功。

在公共品生产问题上，难以评估公共品的收益是它有别于私人品的基本特点之一。替代的决策思路是进行成本有效性分析，这指的是在无法确定某公共项目具体收益的大小时，可以用目标的完成程度取而代之，并计算它与付出的成本之间的比例。如果能够同样有效地完成目标，那么毫无疑问，成本更低的方案要优于成本较高的方案。

三、金融监管理论的发展

（一）金融监管的宏观审慎理论

审慎监管是通过对监管对象的外部控制与约束，确保银行体系安全稳定的一种监管形式，是防止、限制或阻止商业银行因管理不当而造成损害的重要手段。其中，对资本金比率做出要求是目前应用得最为广泛的审慎监管措施。

许多经济学家进一步从宏观角度分析银行危机，指出捍卫金融稳定，视角要从单一机构转变到系统体系，从微观审慎监管转向宏观审慎监管。宏观审慎监管和微观审慎监管的不同之处在于监管任务目标的不同和产生经济后果的机制和概念不同。宏观审慎监管是限制整个金融体系的成本，降低金融中介大规模崩溃的可能性。微观审慎监管限制单个机构的倒闭，它所基于的假设是金融体系中每个机构健康就能确保金融稳定，而宏观审慎监管并不认可这一假设。

（1）隐藏的系统危险。监管要发现隐藏的总风险，就必须从系统的角度进行再定位。银行系统是一个复杂的信贷风险网络，单一机构的行为常常会产生"以邻为壑"的影响。如银行使用新的风险管理技巧使风险脱离资产负债表，并通过利率互换等衍生合约将风险出售给第三方，产生对手风险。

（2）动机问题和系统风险。银行体系风险转移动机会产生系统问题。当负外部性占据优势时，银行有在同一行业选择风险投资的动机，以便共存亡，这种现象称为集体风险转移，后果是持有高度相关资产的银行共同违约的可能性提高。银行会对某一监管措施做出集体反应，这种集体反应有可能导致流动性危机中的协调失败和有清偿能力机构的倒闭。

（3）协调问题。银行监管有替换效应：一方面，可以在没有系统危机的情况下吸收个别机构的破产，但这会弱化市场约束，因为破产机构得到了其余机构的补贴；另一方面，关闭会导致清算，对整个体系施加成本。

（4）宏观经济后果问题。银行在受到影响后为了满足资本充足率标准不得不削减信贷，如果所有的银行同时受到经济衰退的影响，就会放大经济周期的效果，造成银行业的信贷紧缩和资本稀缺。

（5）监管工具的不一致性。监管工具的不一致性会增加系统风险，在银行监管的某一方面提供平等的战场而忽视和其他工具的一致性会动摇银行体系。

（二）金融监管的结构理论

金融监管的组织结构直接影响监管的效率、有效性和成本。理论上，监管结构有机构型、功能型和目标型三种。①机构型监管是指监管机构根据金融机构的类型而无论其从事何种业务进行监管，某一类型金融机构的监管者无权监管其他类型金融机构的金融活动；②功能型监管是指一个给定的金融活动由同一个监管者进行监管，而无论谁从事这种活动；③目标型监管是指根据监管目标设立监管组织结构，包括系统性监管者、审慎监管者、市场行为监管者（分别针对批发和零售金融业务）、交易所的自律、为非金融业务设置的监管者。"双峰理论"（Twin Peaks），即建立单一的市场行为监管机构和单一的审慎监管机构以分别保护消费者和系统稳定性。

金融创新使各类金融机构业务的界限日趋模糊，这些机构和业务即便分开也不能避免传染，加之全球化导致的多功能金融集团出现的一系列变化为监管结构的变更提供了依据。对于单一监管和分离监管的利弊、单一监管的实施和过渡、银行是否应由中央银行监管等问题，理论界的意见不一，实际操作中各国的模式也不尽相同。

第二节　金融监管体制

一、金融监管模式的选择

混业经营制一般是指某一金融机构可以同时经营银行、证券、保险等金融业务，以促进金融机构之间的有效竞争，并充分利用金融资源，达到提高金融机构的创新能力和高效经营的目的。分业经营制则指的是作为现代金融三大主要业务的银行业、证券业、保险业分开经营，其核心业务各不相同，互不交叉，其机构分开设立，互不隶属，相互独立。混业经营之所以对分业经营进行了否定，是因为分业经营存在以下问题：①由于金融创新，银行业、证券业和保险业的产品日益趋同，不同金融机构之间的界限变得模糊不清，失去了分业经营的前提；②非银行金融机构对银行业的渗透，资本市场对传统银行业的替代，使商业银行的生存发展日益艰难，为了拓展新业务、开发新收入渠道，需要多元化经营；③国际竞争的加剧和国际金融市场的全球化趋势推进了银行全能化，分业经营束缚了金融机构特别是银行的国际竞争力；④在金融创新和金融国际化的背景下，分业经营已经不再是防范金融风险的有效办法了，不仅如此，它还会带来新的更大的风险。

（一）混业经营对金融监管模式的选择

传统上，各国银行、证券和保险由不同部门分别监管。在混业经营条件下，分业管理的结构会带来许多问题，如对全能银行实行分业管理，不利于公平竞争，即从事相似的业务不能得到同样的管理待遇。许多国家正在努力加强现有监管机构之间的协调，各个监管机构之间签订的谅解备忘录的数量正在大幅上升，以保证信息共享和应急措施的一致。

（二）中央银行对金融监管模式的选择

以银行监管为核心的金融监管是现代中央银行最为重要的职能之一。从各国中央银行的起源来看，除了瑞典银行和英格兰银行等少数中央银行建立之初的目的是为政府赤字融资外，绝大部分国家都是在经历了一系列经济危机和金融动荡之后，为了对银行体系进行监管并承担最后借款人的角色，从而保证金融体系和经济运行的稳定，才建立中央银行的。中央银行在金融监管中的模式选择如下。

（1）中央银行既承担货币政策职能又负责全面监管，按"双峰理论"在内部成立两个相对独立的机构，同时与中央银行内部的其他部门保持密切联系，或者在内部采用平行设置的办法。

（2）中央银行承担货币政策职能，同时只承担银行业监管而不负责非银行金融机构的监管。在大多数国家，中央银行仍是商业银行的监管者。

（3）中央银行只承担货币政策职能及其相关的金融服务，而不承担金融监管职责。

在宏观政策层面上，中央银行也不能不对金融业的稳健运行承担相应责任，信息收集的规模经济和货币监管的有效实行需要监管当局与货币当局的密切合作。这就是说，无论采用何种模式，中央银行在银行、其他金融机构和金融市场中的监管作用仍然是极为重要的。在欧洲货币联盟的机构安排中，货币政策是欧洲中央银行的责任，银行监管的任务则按照子公司的原则分散到各成员国，但这并不排除与各国监管者、各国的中央银行、欧洲中央银行之间的信息、观点交流与合作①。

二、金融监管体制模式的划分

金融监管体制是指金融监管体系和基本制度的总称。设立金融监管体制首先面临的就是要选择和建立一个能够实现最佳监管的模式的问题。分类标准不同，金融监管体制的模式也各不相同。

（一）根据金融监管权力划分

1. 双线多头的金融监管模式

中央和地方两级都对金融机构有监管权，即所谓"双线"；同时，每一级又有若干机构共同行使监管职能，即所谓"多头"。双线多头的金融监管模式适用于地域辽阔、金融机构多且情况差别大，或政治经济结构比较分散的国家。双线多头的金融监管模式的优点是：能较好地提高金融监管的效率，防止金融权力过分集中；能因地制宜地选择监管部门，有利于金融监管专业化，提高服务的能力。

2. 单线多头的金融监管模式

全国的金融监管权集中在中央，地方没有独立的权力，即所谓"单线"；在中央一级由两家或两家以上机构共同负责监管，即所谓"多头"。德国、法国均属这种模式。这种模式反映这些国家权力集中的特性和权力制衡的需要。单线多头的金融监管模式的优点是：有利于金融体系的集中统一和监管效率的提高，但需要各金融管理部门之间相互协作和配合。

---

① 祁敬宇. 金融监管学［M］. 2 版. 西安：西安交通大学出版社，2013.

3. 集中单一的金融监管模式

集中单一的金融监管体制是由一家金融机构集中进行监管的体制。在历史上，集中单一的金融监管模式较为普遍，其监管机构通常是各国的中央银行。集中单一的金融监管模式在发达国家和发展中国家都很普遍。发达市场经济国家实行这种模式是在经济与金融高度发达、基本实现了一体化的基础上形成的，是与其完善的市场体系、高度发达的经济水平和中央银行或监管当局拥有较大独立性相适应的。发展中国家采用这种模式是由于国内市场体系不完备，金融制度结构比较简单，客观上需要政府通过中央银行统一干预。这种监管模式的优点是：金融管理集中，金融法规统一；能为金融机构提供良好的社会服务。

（二）根据监管主体数量划分

1. 多头分业型金融监管模式

多头分业型金融监管模式即由两个或两个以上的管理机构分别对金融机构按业务类型进行监管。世界上绝大多数的国家实行这种模式。多头分业型监管模式的意义在于，由于银行业、证券业和保险业三者风险的性质不同，对其监管就需要不同的方法。毕竟，单一全能监管机构不可能有明确、集中的目标和合理的监管，也不能在不同类型的机构和业务之间制定必要的区别。单一全能监管机构负责所有方面和所有类型的金融机构，会出现文化差异冲突。

2. 单一全能型金融监管模式

单一全能型金融监管模式即由一家监管机构对所有金融机构的全部金融业务进行监管。单一全能型金融监管模式的优势主要是在监管机构负责的各个不同的监管领域可获得经济规模和增效作用，它可在一定程度上减少成本。单一全能监管机构能更加有效地监督这些机构的所有经营，而且可以更好地察觉不同业务部分潜在的支付危机；同时，可以避免重复机构体制容易引发的不公平竞争性、政策的不一致性、监管的重复交叉与遗漏。在此模式下，监管者的职责固定、明确，能防止不同机构之间互相推卸责任。此外，在处理金融风险的过程中，单一全能监管机构更具有政策的一致性、协调的权威性、反应的及时性，能更加有效地利用监管资源。

（三）按功能和机构划分

按功能和机构划分的原则，金融监管体制的模式划分如下。

（1）统一监管型。统一监管型按监管主体数量划分法又称为单一全能型，即对于不同的金融机构和金融业务，无论审慎监管，还是业务监管，都由一个机构负责监管。

（2）多头监管型。多头监管型即将金融机构和金融市场按照银行、证券、保险划分为三个领域，分别设置专业的监管机构负责包括审慎监管和业务监管在内的全面监管。

（3）牵头监管型。牵头监管型是多头监管型的改进型。在实行分业监督的同时，随着金融业综合经营的发展，可能存在监管的真空或业务的交叉，多个主要监管机构为建立及时磋商协调机制，相互交换信息，特指定一个监管机构为牵头监管机构，负责不同监管主体之间的协调工作。

（4）"双峰"监管型。这种模式是设置两类监管机构，一类负责对所有金融机构进行审慎监管，控制金融体系的系统性金融风险，另一类负责对不同金融业务进行监管，从而达到双重保险作用。澳大利亚和奥地利是这种模式的代表。

第三节　金融监管的国际协调与合作及其展望

一、金融监管的国际协调与合作

（一）金融国际化的趋势分析

金融国际化是指金融活动跨出国界，日益与其他国家的金融融合在一起，它包括金融机构、金融市场、金融工具、金融资产和收益的国际化以及金融立法和交易习惯与国际惯例趋于一致的过程和形态。主要表现在以下方面。

（1）金融国际化是一个不断发展的过程，是动态的，不是一成不变的，国际化的程度也不断从低级向高级演变。

（2）金融机构的国际化。金融机构的国际化指一国的金融业在国外广设分支机构，形成信息灵活、结构合理、规模适当的金融网络，并允许外国金融机构进入本国开展金融活动。

（3）金融市场的国际化。金融市场的国际化指国内金融市场与国外金融市场联系起来，资金能在世界范围内优化配置，并参与国际资金循环。

（4）金融工具的国际化。金融工具的国际化指一国的资金的供给者和需求者充分运用国际上大量创新的融资工具，在国际和国内两个市场从事筹资和融资活动，同时各种新出现的金融工具会很快地在其他国家的金融市场中得到运用。

（5）金融资产和收益的国际化。金融资产和收益的国际化指一国的金融业在国外的资产及所获得收益占其整个资产和收益的比重达到了一定的规模，成为一国金融的重要组成部分，并且同种资产在同样风险的条件下所获得的收益有大体一致或平均化的趋势。

（6）金融立法和交易习惯与国际惯例趋于一致。金融的国际化对一国经济和金融体系具有重要的意义。首先，它标志着一个国家开始建立高度开放的经济体制，国民经济与世界经济紧密地联系起来，同时也表明该国的经济发展已达到相当的水平，各种制度法规已经相当健全，也具备进行国际竞争的能力。其次，由于金融的国际化，一国的企业可以筹集到适应其需要的资金，并且成本也相对较低，同时，面向国际市场，这些企业也被迫进行更加严格的风险管理。再次，金融国际化也有利于提高金融机构的竞争力，尤其是中国，银行业更加需要不断地发展才可以应对国外大银行的激烈竞争。最后，金融国际化还有利于培养金融业的国际化人才，有利于改进和健全有关的制度、法律和业务规范[①]。

（二）金融监管国际化的内容

适应金融国际化的形势，金融监管的相应变革已是金融业的必然选择，国际金融业对监管环境越来越高的敏感性也对金融监管提出了更高的要求。金融市场化和国际化进程的加快以及伴随而来的变革和影响，打破了金融业原有的格局，使原来的监管格局失去了存在的基础。金融监管若不做出相应的调整，采取相应的对策，滞后于这种金融国际化进程，那么金融业的健康发展必将受到严重的损害，整个金融业也将会为此付出沉重的代价，进而也使世界经济的发展受到不同程度的阻碍。金融监管的国际化主要包括以下两方面内容。

（1）改变单一的内向管理策略，采取综合性的国际监管策略，监管手段、

---

① 谢多. 中国货币、债券和外汇市场的发展及前景［J］. 中国货币市场，2007（12）：4-16.

监管政策与全球发展相一致，达到国际先进水平。首先，监管目标的战略取向要从国际金融业的整体考虑，监管的覆盖面要包括国内金融业、国内金融业的国外分支机构和本国的外国金融机构；其次，监管内容要适应金融业跨国经营带来的新问题、出现的新的经营风险，特别是国家风险，国家风险管理已成为国家监管首要关注的问题之一；最后，监管手段、监管法规和各项会计及审计制度应该比照国际标准，与国际接轨。

（2）加强国际监管的协调和合作。不同的历史、人文背景，不同的监管策略和监管取向，不同的金融发展水平使各国形成了不同的监管体制。随着金融业在国际化进程中越来越走向无边界的"国际存在"，这种基于各个国家的监管框架已经越来越不适应金融的发展需要了，并构成了金融业的不稳定因素。各国的社会经济和金融现实不同，要让其中的某一个国家独立地承担这种监管和协调是相当困难的，这就需要国际金融机构发挥其应有的作用。世界上主要的金融监管机构主要有国际货币基金组织、世界银行和国际清算银行，它们要紧密合作，共同建立完善的国际金融制度，并向成员国提供双边金融监督与技术支持。各国政府和各地区及经济集团也将成为共同监管的主体力量。

（三）金融监管国际协调与合作的必要性

国际资本流动、金融国际化、跨国银行的迅速发展都对国际金融监管的合作和交流提出了要求，并且这种要求也越来越高。因为所有的这些因素一方面加速了世界经济的发展和促进了世界贸易量的增加，使资金的利用效率得到了提高，资源配置也更加合理化；各国经济发展的不平衡和经济、金融政策的差异，也给世界经济带来了不少消极的影响，加大了国际金融业的风险，使金融业更加脆弱，从而迫切要求各国的监管当局加强合作与交流。

（1）各国金融监管政策与态度的不统一，形成了许多漏洞和矛盾，需要加强和协调对国际金融体系的统一金融监管。由于历史和经济的原因，各国金融管理当局的管理政策的高度差异，加大了国际金融业的风险，迫切需要统一和加强对国际金融市场的监督和管理。

（2）国际金融市场的现实也要求协调、统一和加强对国际金融市场的监管。由于国际金融市场不受任何一国货币当局的制约，是一个相对独立的市场，所以必须加强各国监管的协调，否则，就会出现一些金融问题，引发金融危机或金融动荡，给世界经济带来消极的影响。

（3）国际金融业经营风险增大，也要求加强对国际金融业监管的协调。风险主要包括：以扩大规模为战略重点的国际银行业为获取高的资产收益和资产增长速度，压低价格和放宽贷款的条件，从而使银行资金运营风险加大；在激烈的国际金融业竞争中，商业银行的表外业务和各种金融新产品迅速膨胀，这也无形中使商业银行承担了更大的潜在风险。

（4）目前的国际金融监管存在着局限和不足，国际金融监管还需要加强和协调才能克服这些局限和不足。这些局限和不足主要表现在金融创新的发展，使得金融监管措施带有一定的滞后性，而且这些措施的监管效率不太令人满意。许多衍生工具都属于表外业务，这些业务很难测定和计算，所以其风险也就不易被金融监管部门察觉；衍生工具随机性大，组合能力强，且不断地出现新的品种，监管措施和有关的规章明显滞后；金融交易涉及面广，影响力强。

二、金融监管国际协调与合作的展望

（一）加强对金融监管国际协调与合作的认识

经济全球化向纵深发展，国际金融市场全球化进程加快，金融创新不断涌现，金融机构也日益转向多样化经营。在经济、金融全球化给各国带来益处的同时，经济、金融全球化的风险性、脆弱性与不平等性也给各国的金融监管带来新的挑战。金融监管的国际协调与合作是以多样化金融活动包括汇率、证券交易、银行业务、金融集团活动及反金融危机为主要内容的金融监管的国际协调与合作，范围不断扩大，内容不断丰富，协调与合作方式不断增加，协调与合作的机制不断健全，所有这些变化都源于各国和国际社会对金融监管国际协调与合作重要性认识的不断增强。

（二）健全金融监管国际协调与合作的机制

国际经济政策协调的机制，内容主要包括信息交流、政策的趋同或相互融合、危机管理、确定合作的中介目标以及联合行动等。

（1）信息交流。由于金融业迅速发展，金融业务活动不断扩大与创新，各国的金融监管政策与措施等会不断补充变化，各国间、各国与国际性经济金融组织间的信息交流显得更加迫切与必要。

（2）政策的趋同或相互融合。在信息交流的基础上，各国之间可以进一步实行趋同的经济政策与金融监管政策，以避免相互产生矛盾和分歧。

（3）行动联合。包括两个方面：一是一般性的联合行动，两国或多国政府之间通过交换信息并同意在金融监管目标上达成一致或基本一致后，便可求同存异实行联合行动；二是紧急联合拯救行动，即针对各国金融运行中出现的突发性事件或某种金融危机，各国与国际性金融组织所进行的共同行动，由此防止各国独善其身的政策或政策实施不当使危机更加严重或蔓延。从信息交流到政策的趋同或相互融合，再到共同的监管行动，机制的层次逐渐提高，内容也更趋实际。这种金融监管国际协调与合作机制的运作，主要仍是在制度的框架与不定期的论坛下进行的。相信随着金融监管制度的不断完善和金融监管实践的不断丰富，这种协调与合作机制也会得到进一步发展与完善①。

（三）金融监管法制的发展趋势

金融监管法制的趋同化是指各国在监管模式及具体制度上相互影响、相互协调而日趋接近。由于经济、社会文化及法制传统的差异，金融监管法制形成了一定的地区风格。不断加深的金融国际化使金融机构及其业务活动跨越国界，在这种背景下，客观上需要将各国独特的监管法规和惯例纳入一个统一的国际框架之中，金融监管法制逐渐走向国际化。

随着金融国际化的发展及不断深化，各国金融市场之间的联系和依赖性也不断加强，各种风险在国家之间相互转移、扩散便在所难免。金融国际化要求实现金融监管本身的国际化，如果各国在监管措施上松紧不一，不仅会削弱各国监管措施的效应，而且会导致国际资金大规模的投机性转移，影响国际金融的稳定。国际化体现的是各国对跨国银行的监管趋于统一和规范。

---

① 张霓. 全球金融一体化进程中金融监管面临的挑战与变革［J］.辽宁财专学报，2000（3）：26－29.

第十三章 互联网金融及其发展

第一节 互联网金融概述

一、对互联网金融的认知

随着全球网络经济的崛起，互联网金融正快速发展，除银行、证券公司、基金公司、保险公司等传统金融机构外，电子商务公司、互联网技术定义（IT）企业以及移动运营商等各类机构也积极参与到互联网金融创新活动中，演化出新商业模式。

从实践角度看，互联网金融是金融与互联网相结合的新兴领域。互联网金融模糊了金融和非金融行业之间的界限，基于大数据、云计算、区块链技术和人工智能的互联网金融生态体系对现有金融机构和金融市场的运行带来了影响。互联网金融是指传统金融机构与互联网企业利用互联网技术和信息通信技术实现资金融通、支付、投资及信息中介服务的新型金融业务模式，属于传统金融行业与互联网技术相结合的新兴领域。

从本质上看，互联网金融实际上是一个基础设施而非金融中介，无论是支付平台、信息平台，还是众筹平台，本质上都是支撑金融资源配置、开展金融业务活动的基础设施，等同于过去的支付技术设施或者交易所设施。金融活动基于这些平台进行，平台效率取决于技术水平，金融活动还包括资源配置、支付清算、资金融通、风险管理、信息提供和激励解决等内容。互联网金融是传统金融机构与互联网企业基于互联网技术平台基础的金融活动、金融形式等的总和，是互联网技术平台与金融活动的融合形态①。

---

① 曹文凤. 互联网金融背景下商业银行发展策略研究 ［D］. 北京：中共北京市委党校，2016：6－14.

（一）互联网金融的属性分析

（1）互联网金融的技术属性主要表现在移动通信、大数据应用、社交网络、搜索引擎、云计算、区块链、人工智能等技术的应用与融合上。互联网技术改变现有基于营业网点和交易所模式的金融交易形式和金融组织形式，通过远距离直接服务使得传统物理网点面对面服务大幅度缩减，并使金融服务的技术属性日趋明显。

（2）互联网金融的金融属性是指通过互联网平台提高了金融交易活动双方的搜寻匹配效率，更好地发挥了支付清算、资金融通、资源配置、风险管理、信息提供和激励解决的金融功能。与传统金融机构与金融市场相比，互联网金融基于移动通信、大数据、云计算和人工智能等技术，有效提高了金融服务匹配效率、风险管理效率和信息提供效率，扩展了金融服务的边界，但金融交易信用关系即契约关系并没有改变。互联网金融是互联网技术与金融融合形成的金融模式，有别于传统金融机构与金融市场模式，技术属性与金融属性是互联网金融的两大基本属性。

（二）互联网金融的基础设施

互联网金融的本质是金融基础设施，是与金融机构和金融市场相同的金融基础设施。它以技术为支撑，以规制为保障，以金融为内容，是依托互联网技术及相关科技形成的一种金融服务基础设施。它发挥的功能依旧是支付清算、资金融通、资源配置、风险管理、信息提供、激励解决等。与金融机构和金融市场相同，互联网金融的内容依旧是股权、债权、保险、信托等金融契约关系。互联网金融的法律主体以及契约履行并不会因为物理形式到电子形式的转变而发生变化。同时，互联网金融活动涉及的风险、外部性等问题不会因为交易形式的改变而消除。

互联网金融与传统金融也有一定的区别。在互联网金融模式下，支付便捷，信息不对称程度降低，资源配置效率提升，交易成本降低。因为技术提高了效率，改进了服务场景，提升了客户体验。

二、互联网金融的优势

互联网金融是借助互联网平台兴起的，但它并不是简单运用互联网技术，而是将互联网技术以及互联网思维与传统金融行业相融合。

(一) 服务较便捷

随着互联网技术的快速发展以及手机等移动通信工具的普及，互联网金融摆脱了传统金融服务在时间和空间上的限制，客户可以随时随地享受便捷高效的服务。客户需要的各种服务，如银行的转账支付、日用品的购买等，只要下载相应的应用程序或者登录相应的网站，便可以自助完成。同时，更加便捷的金融服务以及良好的用户体验，使得互联网金融企业拥有了越来越广泛的客户基础。此外，第三方支付等平台的自我创新也使得它们提供的服务更为便捷。

(二) 具有普惠性

互联网金融的出现改变了金融行业一直盛行的"二八法则"，将"长尾理论"发挥到极致。互联网金融的出现，让普惠金融不再是一个空洞的概念，使人们能切实感受到它带来的利益。互联网金融通过挖掘和收集海量的用户信息，运用互联网思维，为用户带来了前所未有的体验。

(三) 成本较低、效率较高

互联网金融模式主要采用线上服务的模式，借助各类互联网平台，让用户足不出户便可以享受到各种金融服务。互联网金融的线上服务模式减少了实体服务网点的设置，节省了服务成本，甚至可以将服务的边际成本降为零。因此，服务成本的降低使得互联网金融企业让利于用户，从而获取更强的竞争力。利用互联网平台简化了实体网点复杂的服务流程，提高了服务效率。以贷款为例，传统的商业银行从客户提出贷款申请到最后银行进行放款，最快也需要一周的时间，其中得经过客户经理签字、银行风险部门审核、银行行长签字等各种不可缺少的程序。但是，互联网金融可以实现申请当日放贷。

(四) 大数据的特征较明显

信息时代的关键在于对数据的收集、处理和应用。互联网金融运用大数据处理技术集合处理海量、非结构化数据，高效快速地进行信息匹配和管理，相比传统金融，互联网金融在这方面的技术优势非常明显。由此可见，数据是互联网金融的核心资产。

　　大数据的运用使得高频交易、信贷风险分析、社交情绪分析三大金融创新得以实现。运用大数据的优势还体现在其提升了金融市场的透明度。以往为了减少或避免信息不对称的情况，传统商业银行会进行信息收集、整合、分析和决策，以获取金融客户的信用状况，包括其资产状况、经营情况和各类交易状况。近年来，大数据在互联网金融中的运用改变了传统商业银行的这种做法，通过收集处理历史金融交易、商品交易、社交网络等各类海量数据信息，来精准获知金融客户信息，细化了交易价格信息和社会经济状况等数据，也使得利率更接近市场的真实水平。同时在拓展客户市场、研发新型金融产品和企业决策等方面，大数据也发挥了积极作用。

（五）信息化程度较高

　　在金融服务中，企业和用户信息不对称的问题一直存在，从而导致了逆向抉择、道德风险等问题。随着互联网技术的发展，信息化逐渐成为众多传统金融机构的核心竞争力。而互联网金融的出现，使得信息不对称问题大幅度减少，企业和用户的信息越来越公开透明。信息不对称问题的减少，一方面，使得互联网金融企业能更好、更全面地掌握用户的信息，从而减少客户违约等现象；另一方面，用户可以更好、更直接地对各种金融产品进行对比，从而做出最适合自己的选择。

（六）风险较高

　　第一，互联网金融作为一种全新的金融模式，在我国的发展时间还较短，有关互联网金融方面的法律法规还不够系统完善，部分领域存在法律漏洞；第二，互联网金融依托于互联网，网络风险不可避免，一旦遭遇计算机病毒、技术缺陷等问题，都可能对资金安全造成巨大威胁。

（七）经营模式多样化

　　从系统的各组成要素来看，互联网金融系统是一个多层次的系统，包括金融互联网子系统和互联网企业金融子系统。金融互联网子系统负责金融机构互联网化；互联网企业金融子系统是指互联网企业涉足金融领域。正是因为互联网金融各系统在结构和功能上均有差异，所以形成了互联网金融多样化的业务模式。

金融互联网子系统具有基础设施完善、资金实力雄厚、社会公信力强、风险管理机制健全等特点。其开展的业务模式主要有：互联网技术在传统金融机构的运用，即利用互联网平台销售传统的金融产品，扩充商业银行的线上渠道，其形式有互联网银行、互联网证券、互联网保险等；电商模式，即由传统的银行和券商等金融机构搭建自己的电子商务平台，如建设银行的"善融商务"、交通银行的"交博汇"等；与互联网公司合作，借助对方的平台，进行自己产品的线上营销，如银行与具有社交场景和大数据科技的公司合作，强化客户下沉，提升长尾客户服务力度①。

三、推动互联网金融发展的主要因素

有了技术基础，应用的需要就成为推动互联网金融服务创新的动力。要提升互联网金融的服务效率，还需要依托数据处理技术发展改进算法。互联网金融的创新与传统金融创新一样，规避或绕开监管是重要的动力。

（一）推动互联网金融发展的技术因素

1. 推动互联网金融发展的算法与数据挖掘技术

要提升计算效率，除了要提升硬件技术，还需要改进算法。算法是解决问题的一系列清晰指令，它代表用系统的方法描述解决问题的策略机制。金融活动与金融创新的复杂度不断提高，金融计算需要改进算法，以便应对大数据时代计算效率的要求。算法的改进是人类智力进步的体现，也是人机交互推进的结果。算法的进步为移动网络、移动金融提供了有效的技术支持。

随着数据库技术的迅速发展以及数据库管理系统的广泛应用，人们积累的数据越来越多：数据背后隐藏着许多重要的信息，人们希望能够对其进行更深层次的分析，这时候数据挖掘就成为关键。算法的改进改善了数据挖掘的效果，数据挖掘使数据库技术进入了一个更高级的阶段，它不仅能对过去的数据进行查询，而且能够找出过去的数据之间的潜在联系，从而促进信息的传递。除了算法与数据挖掘技术的发展，数据处理器技术也在不断发展，已经由中央处理器（CPU）向图形处理器（GPU）发展，其处理对象由结构

---

① 韩颖，霍芬. 金融学［M］. 上海：上海财经大学出版社，2019.

数据向半结构和非结构数据转移。

2. 推动互联网金融发展的互联网技术

互联网技术是指在计算机技术基础之上开发建立的一种信息技术。互联网技术的普遍应用是进入信息社会的标志。金融业是信息敏感型行业，信息传递、信息交换、信息管理、信息应用贯穿于金融活动的各个环节。互联网技术与金融行业具有先天的契合度。20 世纪 60 年代末，阿帕网作为互联网的雏形开始出现，世界金融发展也进入了自由化时代。

3. 推动互联网金融发展的云技术

金融的本质特征是计算，支付清算、资金融通、资源配置、风险管理、信息传递与激励的底层技术就是计算。因此，金融发展离不开计算，但金融发展受制于人类的计算能力。互联网最初连接计算机，正是为了提升系统的计算能力。云技术是指在广域网或局域网内将硬件、软件、网络等系列资源统一起来，实现数据的计算、储存、处理和共享的一种托管技术。云计算极大地提升了人类的计算能力，为互联网金融提供了强大的运算能力支持。云技术已经成为支撑现代科技、网络经济、社会治理等的基础技术。云技术体系包含云计算、云存储核心技术，支撑云平台、云网络、云安全、云终端和云服务，极大地提升了金融运行效率。

（二）推动互联网金融发展的应用需求因素

1. 财富管理的需求

互联网金融产品的推广和应用丰富了金融市场的产品，满足了不同的投资需求，降低了融资成本，增加了财富管理收益。通过互联网开展财富管理，一方面，资产的成本收益直观、明晰，改善了投资者财富管理的体验；另一方面，互联网财富管理公司得到了更加丰富的用户理财需求信息，其可以依据需要进行金融产品创新，使金融产品供给与需求更加匹配。

2. 经济活动支付的需求

货币是最主要的支付手段。货币是伴随着技术进步、经济活动发展而演化的，从早期的实物货币、商品货币到后来的信用货币，都是适应人类商业社会发展的自然选择。随着经济活动的多样性和即时性的增加，经济主体对支付的需求越来越多样，如何快速而安全地付款成为经济交易之需。

进入互联网时代，基于电子信息化技术的支付，大幅度地提高了用户支付的便捷性，增强了支付的安全性，优化了用户体验，实现了多方共赢。现金支付正在逐步让位于更加便捷的刷卡支付、移动支付。与刷卡支付相比，移动支付具有应用场景优势，客户体验更好，在民生、公共缴费、小型经济活动等支付领域应用广泛，如商场与超市购物、乘坐公共交通、旅游出行、医疗缴费等。移动支付能够全方位提供场景化服务，其生态圈正在逐步形成。

3. 网络直接融资的需求

中小微企业、个体经济单位、农户、个人等通过正规金融机构融资往往有难度，存在利率较高、审批时间较长等问题。互联网平台在消除借贷双方信息不对称、降低融资匹配搜寻成本等方面具有优势。P2P 网络借贷平台，由借贷双方自由竞价、撮合成交，借款人能充分享受贷款的高效与便捷性。有闲散资金的投资人能够通过 P2P 平台找到并甄别资质好的借款人，获得比银行存款更高的收益。这种融资模式提高了资金利用率，有利于经济发展。众筹平台为投资人带来了更多的项目，也拥有更高效的项目审核机制，能促进投资人与企业家的沟通，降低投资过程中信息的不对称性，使投资决策过程更加合理。

（三）推动互联网金融发展的监管因素

互联网金融属于金融创新的范畴。金融创新与金融监管是相互矛盾的金融活动。出于规避监管动机的创新导致监管失效，促使监管当局加强监管，引发新一轮创新。金融创新与金融监管是相互推动、螺旋式上升发展的。

1. 金融创新中的监管缺位

互联网金融的开放性、交叉性降低了各种非金融企业或机构进入金融业的门槛，特别是在金融监管体系属于机构监管的模式下，对互联网金融服务提供机构属性的认定比较困难，导致监管缺位。以 P2P 借贷业务为例进行说明。P2P 借贷业务属于信贷业务，原则上应归属银行监管部门。然而，P2P 借贷属于"个人—个人"模式，是直接融资，而这理应归属证券监管部门。互联网金融产品与服务涉及银行、证券、保险、信托、基金等多个领域，具有金融综合经营的特点。这种跨市场、跨行业、跨区域经营的互联网金融，规避了分业监管制度规则，成为事实上无监管的领域，在某种程度上是互联网金融快速发展的重要原因。

2. 金融创新中的监管套利

监管套利是指金融机构利用不同监管机构制定的不同监管规则甚至是相互冲突的监管规则或标准，选择在监管相对宽松的金融领域展开经营活动，以此降低监管成本、获取超额收益的行为。互联网金融领域的监管套利较为明显，P2P 网贷平台以资金中介为名，行"资金池"之实，资金流向脱离监管视野，资金投向高度不透明。这些网贷平台的业务本质上是银行业务，却没有受到像银行一样的实名开户、信息披露、风险准备金计提等监管约束，导致这些网贷平台在某种程度上存在监管套利。

3. 金融创新中的规避监管

金融创新的动力之一就是规避监管。如 P2P 网络借贷的"个人—平台—个人"担保模式，在借贷双方之间引入担保是一种创新，但这也是出于规避银行业准入监管的动机，网络借贷平台事实上发挥了银行等金融中介的作用，本质属于"影子银行"。为了应对期限错配的风险，一些 P2P 网络借贷平台通过构建虚拟借款人来搭建资金池以获取资金，进而解决流动性问题。在"个人—平台—机构—个人"模式下，平台将金融机构或准金融机构的信贷资产通过互联网的方式以极低的门槛对外销售，带有信贷资产证券化的属性。传统金融机构发售理财产品的门槛和风控要求都较高，然而互联网金融产品销售暂未纳入监管体系，进而可以规避监管。

第二节　互联网金融的范围及其发展

一、互联网金融的范围

互联网金融从产生开始便对传统金融产生了一定的影响，并改变着金融业的发展模式和经管理念。

从技术应用于金融服务的视角看，传统金融机构与金融市场运用互联网技术改进金融服务的实践起步比较早，但是，只有当科技平台类公司、电子商务平台类公司、民间金融平台类公司等快速利用互联网技术进行金融服务创新之后，传统金融机构与金融市场才真正觉醒，开启利用互联网技术服务金融的战略。互联网金融范围从基于第三方的网络支付、P2P 网络借贷、网络众筹、网络理财等狭义的范围，扩展到金融机构和金融市场的互联网金融服务。互联网金融包括金融机构从事的互联网金融业务和互联网企业开展的互联网金融业务。另外，大数据金融、区块链金融等基础设施也属于广义的互联网金融范围。

二、发展互联网金融的途径

（一）发展互联网金融基础设施

在金融基础设施建设与相关金融服务领域，互联网技术应用同样具有广阔的前景。围绕信用体系建设开展的互联网征信、基于大数据的金融产品与服务的创新以及区块链技术的应用等在提升金融服务效率上，都取得了较快发展。

1. 发展金融大数据

大数据是一种规模大到在获取、存储、管理、分析等方面超出了传统数据库软件工具能力范围的数据集合。大数据是包含结构数据、半结构数据与非结构数据在内的数据体系，具有数据规模大、数据类型多、数据流转快、数据价值高、数据真实等特点。大数据是对社会活动的立体化、连续性的客观记录。

基于大数据的金融创新具有更贴近真实、精准服务的属性。金融活动本身就具有大数据的属性。借助互联网技术和大数据挖掘分析技术，可以一定程度解决金融活动中的信息不对称问题，提升金融资源配置效率，准确识别风险，完善金融调控机制。

大数据的挖掘开发可以应用在金融服务创新方面。金融服务创新指的是金融机构借助用户的大数据记录，全面评估用户的资产负债、信用状况、资金流状况、收入与消费状况、行为习惯、偏好兴趣等。基于相应的大数据模型，可以对用户进行净值分类、风险偏好分类，进而设计相应的个性化金融产品和服务，开展精准营销和定制服务。

2. 发展互联网征信

征信活动是信用经济中不可缺少的环节。在信用活动中，受信人的信用状况是信用活动中最大的风险关注点，如果授信人能够获得受信人过往准确的信用记录，便可对其信用活动做出全面分析，给出相应的信用等级判断，对其信用风险做出合理的评估。

获取受信人过往信用记录的活动即为征信。狭义的互联网征信是指采集个人或企业在互联网交易或使用互联网服务中留下的行为数据，并利用大数据、云计算等技术进行信用评估的活动。广义的互联网征信还包括采集个人或企业使用互联网金融服务所留下的信贷数据以及通过线下渠道采集的公共信息等数据进行信用评估的活动。

由于互联网征信活动涉及用户的隐私问题，所以其界限较难把控。因此，互联网征信的主要活动仍然由政府主导。目前，中国最权威的征信系统是中国人民银行征信中心，它已经建成世界规模最大、收录人数最多、收集信息全面、覆盖范围广泛的信用信息基础数据库。此外，在中国互联网金融协会的牵头下，芝麻信用、腾讯征信等个人征信机构和百度、网易等相关机构正在打造的个人征信机构相继建立，征信数据将会涉及每个人的生活。

互联网征信有利于促进信用活动，可以减少信用活动过程中的信息不对称问题，促进信用资源的合理配置，约束人们的失信行为。与此同时，目前互联网征信活动仍不成熟，因此，未来互联网征信的健康发展仍然需要相关制度的建设。

3. 发展金融区块链

区块链技术是一种去中心化的数据存储和传输方法。起源于数字货币的区块链是金融领域的重大技术突破。区块链的本质是分布式账户，解决了去中心化后的信任问题，即用户的资产信息和交易信息将会被完整地记录，所有交易在统一的数据库系统中进行。

4. 其他金融科技的发展

基于互联网技术衍生出来的其他金融科技包括物联网技术、人工智能技术等，这些技术应用在金融领域，可以改变金融模式和形态。例如，物联网的核心是创新，它可以拓展金融服务空间，扩大金融服务市场范围；人工智能应用于银行服务、证券投资顾问和财富管理领域，可以有效提升金融服务效率。未来，科技的发展日新月异，金融科技的应用将会极大地提升金融基础设施水平。

（二）发展互联网金融业务

（1）银行业的互联网技术应用。商业银行是互联网技术的早期探索者，也是金融机构应用互联网技术的重要参与者。从历史角度看，银行业互联网技术应用实践的发展可以划分为两个阶段。第一阶段是 20 世纪 70 年代到 90 年代中期。这一阶段以电子银行为主，商业银行开始使用信息技术代替手工操作，并在全国范围内建起了一批基于计算机网络的应用系统，实现了全程处理电子化。第二阶段是 20 世纪 90 年代中期至今。互联网银行的优势在于使用方便、经营成本较低、服务创新快。当然，互联网银行也有先天不足，如网络安全问题。由于是网上交易，用户的信息和资金被盗的风险较高，网络技术风险客观存在。

（2）证券业的互联网技术应用。在信息化进程中，证券公司与证券交易所共同推进了证券业务网络化建设。依托互联网技术进行证券交易始于 20 世纪 90 年代中期。

（三）发展互联网企业金融业务

1. 发展第三方支付

第三方支付是指由独立于商户与银行的、具备一定实力和信誉保障的第三方独立机构，通过与产品所在国家以及各大银行签约而提供的交易支付服务。世界上最早的第三方支付企业通过电子邮件在标识身份的用户之间转移资金，集国际流行的信用卡、借记卡、电子支票等支付方式于一身，帮助买卖双方解决各种交易过程中的支付难题。

在不断完善支付结算这一基础性功能的情况下，第三方支付机构逐步介入资金托管、金融产品销售、基金投资、P2P 等金融领域，金融属性不断增强。具体而言，表现为三个方面：一是利用用户体系优势搭建金融产品综合销售平台，对传统金融机构线上线下销售渠道产生影响；二是对接金融产品截流客户资金，通过对接基金开发碎片化理财产品，突破传统理财产品在额度、期限等方面的限制，实现账户余额理财；三是借助拥有的庞大账户体系以及供需双方市场平台，通过搭建投融资平台，介入信贷领域，在这一领域，阿里巴巴、京东等电商，以及腾讯、电信运营商等大平台旗下的支付机构依托大数据优势，推动了供应链投融资平台的搭建。目前，第三方支付存在过度创新和安全风险。

2. 发展 P2P 网络借贷

P2P 网络借贷，即网络小额借贷，是资金持有者通过网络信贷平台将资金贷给其他资金需求者的一种民间借贷方式。互联网技术的发展突破了以亲缘和社区为基础的小额借贷的空间界限，逐渐形成了 P2P 网络借贷市场。伴随着互联网金融行业监管及 P2P 网络借贷行业监管规定的相继出台，较高的合规成本必然压缩现有平台的利润增长，网贷行业受到了合规与运营的双重压力，使得网贷行业的发展速度急速下滑，甚至造成原先盈利的平台出现亏损，不合规平台逐步市场出清。目前行业合规性整改已进入尾声，未来行业发展将迎来更多的机遇和契机。

3. 发展网络众筹

网络众筹是指需求方通过互联网、社交网络或专业平台广播项目信息，以此吸引网络用户对项目的关注，从而使项目需求方（融资人或项目）获得必要的资金援助、渠道支持和营销推广的一种行为或方式。众筹的概念源于众包，是一种包含金融元素的特殊众包形式。众包最初是指公司或机构将自己原来需要内部员工承担的工作外包给非特定的网络大众，以降低人力成本。

作为一种新兴的以互联网为依托的经营模式，目前国内对网络众筹的政策监管尚有待完善。行业协会的自律监管缺位，缺乏统一的行业标准，对众筹平台的发展没有明确指导，网络众筹平台在业务开展的过程中免不了触及法律红线，行业合规发展任重而道远。

4. 发展互联网金融门户

互联网金融门户是指利用互联网进行金融产品销售以及为金融产品销售提供第三方服务的平台。门户网站的发展经历了从综合门户到垂直门户以及从通用搜索平台到垂直搜索平台的两个重要阶段。互联网金融门户主要产生于第二阶段。互联网金融门户的核心就是"搜索＋比价"的模式，采用金融产品垂直比价的方式，将各家金融机构的产品放在平台上，用户通过对比挑选合适的金融产品。互联网金融门户最大的价值就在于它的渠道价值。

根据互联网金融门户平台服务内容及服务方式的不同，可以将互联网金融门户分为第三方资讯平台、垂直搜索平台和在线金融超市三类。第三方资讯平台是为客户提供全面、权威的金融行业数据及行业资讯的门户网站，其代表平台是网贷之家。垂直搜索平台是聚焦于相关金融产品的垂直搜索门户。所谓的垂直搜索是针对某一特定行业的专业化搜索，提取、整合以及处理某类专业信息后将其反馈给客户。在线金融超市汇聚了大量的金融产品，其在提供在线导购及购买匹配、利用互联网进行金融产品销售的基础上，提供与之相关的第三方专业中介服务。

三、互联网金融发展的趋势

（1）垂直化。互联网金融的优势在于利用互联网迅速整合金融各个领域的业务。以互联网理财市场为例，互联网金融机构不能单纯比较哪个金融产品的收益率更高，不能简单以收益率高来获得客户，而需要根据细分市场客户的特点，抓住目标客户群体，设计相应的产品，提供便捷、安全与可靠的服务，培养用户黏性。

（2）普惠化。普惠金融的核心理念是让社会所有阶层，尤其是弱势群体和低收入群体都能获得公平、便捷、低成本的金融服务。大部分互联网金融企业正在利用技术和数据的力量，与传统金融机构一起拓宽金融业的服务边界，更好地去帮助小微企业和普通消费者。互联网金融进入的市场属于长尾市场。长尾市场提供针对小型经济单位，尤其是个人的金融服务。互联网金融通过克服空间限制、降低交易成本及准入门槛、减少信息不对称性以推动金融普惠化。

（3）技术导向。互联网金融是金融科技的一种形态，技术推动金融创新发展是基本规律。近年来，深度学习、交互学习、增强现实（AR）与虚拟现实技术（VR）、区块链、人工智能、大数据处理等技术在金融领域广泛应用，不断支持金融服务创新。互联网金融机构之间的竞争，在某种程度上是技术实力的竞争。大部分互联网金融公司也逐步转化为技术公司。互联网金融技术的应用，能够更好地解决信息不对称、融资搜寻匹配、风险控制等金融基本问题。因此，技术驱动将成为互联网金融行业发展的趋势。

参考文献

［1］郭田勇．金融监管学［M］.3 版．北京：中国金融出版社，2014.

［2］荆新，王化成，刘俊彦．财务管理学［M］.8 版．北京：中国人民大学出版社，2018.

［3］王培，高祥，郑楠．财务管理［M］.北京：北京理工大学出版社，2018.

［4］黄娟，兰娟，童小春，等．财务管理［M］.重庆：重庆大学出版社，2018.

［5］刘淑莲．财务管理［M］.5 版．大连：东北财经大学出版社，2019.

［6］韦绪任．财务管理［M］.北京：北京理工大学出版社，2018.

［7］孙茜．企业财务管理存在的问题及对策——以生产型企业为例［J］.中国商论，2019（24）：223－224.

［8］梅韵清．企业财务管理内部控制研究——以电力企业为例［J］.中国商论，2019（23）：133－134.

［9］杜鑫龙．基于价值创造的企业财务管理模式构建［J］.中国商论，2018（32）：85－86.

［10］王雄武．基于企业发展的财务管理体系建设——以高质量发展企业为例［J］.中国商论，2018（35）：113－114.

［11］刘敏．资金时间价值中的系数关系探析［J］.商业会计，2015（13）：67－69.

［12］金燕华．风险价值及其在财务管理中应用的探讨与理解［J］.财务与会计，2004（7）：64－66.

［13］夏少刚，纪凤兰．不对称信息与风险投资——一个博弈分析框架［J］.财经问题研究，2007（4）：56－59.

［14］徐文聪，李懋劼．浅谈风险与报酬均衡［J］.财会通讯（理财版），2007（11）：88.

［15］罗国莲. 筹资结构中短期负债的置位问题研究［J］. 中国注册会计师，2019（11）：63－66.

［16］董双霜. 浅析国有企业资金管理存在的问题及对策［J］. 中国商论，2019（16）：138－139.

［17］骆珣，锁大奇. 企业筹资风险的管理［J］. 技术经济，2005（1）：51－52.

［18］徐春萍. 企业现金流量管理存在的问题及对策探讨［J］. 中国商论，2018（24）：87－88.

［19］李鹰. 浅谈金融创新与金融风险管理措施［J］. 中国商论，2019（22）：45－46.

［20］杨鹏. 金融创新、公允价值计量与商业银行股价同步性［J］. 会计之友，2019（10）：122－127.

［21］王道平，雍红艳，范小云. 金融市场化改革、金融监管与金融危机防范［J］. 财经问题研究，2018（6）：48－57.

［22］杨娉. 我国金融市场发展与金融监管体制改革［J］. 南方金融，2015（12）：4－8.

［23］邹辉文，杨轶，陈德棉，等. 金融市场的综合治理与金融监管［J］. 科学管理研究，2001，19（6）：13－18.

［24］郭晋荣. 开放条件下我国金融监管问题研究［D］. 咸阳：西北农林科技大学，2008：8－16.